Jan Feddersen
Philipp Gessler

PHRASE UNSER

JAN FEDDERSEN
PHILIPP GESSLER

PHRASE UNSER

DIE BLUTLEERE SPRACHE DER KIRCHE

claudius

Für Rainer und Rachel – in Liebe

MIX
Papier aus verantwortungsvollen Quellen
FSC® C083411
Mehr Bäume Weniger CO_2
www.cpi-print.de/umwelt

www.claudius.de

Umschlaggestaltung: Weiss Werkstatt, München
Layout: Mario Moths, Marl
Gesetzt aus der Stempel Garamond
Druck: cpi – Clausen & Bosse, Leck

ISBN 978-3-532-62844-7

Inhalt

„Mein Mund soll Weisheit reden /
und was mein Herz sagt, soll verständig sein."

(Psalm 49)

KAPITEL 1

Einführung

„Es gibt vielerlei Sprachen in der Welt, und nichts ist ohne Sprache. Wenn ich nun die Bedeutung der Sprache nicht kenne, werde ich ein Fremder sein für den, der redet, und der redet, wird für mich ein Fremder sein." Das schreibt der Apostel Paulus von Tarsus in seinem ersten Brief an die christliche Gemeinde von Korinth (14,10f – zitiert, wie immer in diesem Buch, nach der Lutherbibel 2017) etwa um das Jahr 55 nach Christus. Der Brief an die griechische Gemeinde, die er ein paar Jahre zuvor offenbar selbst gegründet hatte, gilt als eines der ältesten christlichen Dokumente – der Schluss liegt nahe, dass das Christentum sich schon immer, selbst in seinen ersten Tagen, mit der Kraft und den Grenzen der Sprache, auch der Sprache ihrer eigenen Verkündigung, beschäftigt hat.

Wer sich heute mit der Sprache der Kirche auseinander setzt, fußt also auf einer reichen Tradition, denn das zentrale Mittel des Christentums zur Verkündigung war und ist die Sprache. Zwar verkünden unter anderem auch gute Werke, Liturgie, Sakramente, Musik und Bauwerke ihre Botschaft – doch bleiben sie am Ende stumm, wenn nicht das Wort, das Evangelium, eben die Sprache dazu kommt, die erklärt, warum man etwas tut oder sagt oder zeigt. Ein Christentum und eine Kirche ohne Sprache sind schlicht nicht denkbar. Die Kirche ist gegründet auf dem Wort und erneuert sich auch immer wieder durch das Wort.

Nun gelingt der Kirche die Verkündigung seit rund 2.000 Jahren, und das ist, trotz aller Fehler, Verirrungen und Sünden, schon eine immense, ja fast beispiellose Dauer für eine menschliche Institution. Dennoch scheint die Sprache der Kirche und die Kirche selbst in einer Krise zu stecken, und dieses Buch will einen Beitrag dazu leisten, diese Krise zu ergründen. Drei Anstöße dazu:

Unter dem Titel „... und das ist auch gut so!“ hielt die Pfarrerin Kerstin Söderblom beim 33. Evangelischen Kirchentag in Dresden Anfang Juni 2011 im Festsaal des noch leicht sozialistisch angehauchten Kulturpalastes vor großem Publikum einen zentralen Vortrag des Kirchentags zu einer „Theologie der Vielfalt“. Dieser Vortrag, der noch heute im Archiv des Deutschen Evangelischen Kirchentags nachzulesen ist, schildert in einer fast perfekten und sehr gedrängten Weise, was in diesem Buch für die derzeitige kirchliche Sprache so typisch wie problematisch ist.

Die Pastorin lädt in ihrer kurzen Einleitung zu einer „Werkstatt“ ein, die „vom Mitdenken und Mitmachen“ lebe. Ihre Theologie der Vielfalt suche Wege, die Unterschiede in den Lebensformen der Menschen „konstruktiv aufzunehmen, sodass alle Beteiligten in Kirche und Gesellschaft respektvoll miteinander leben und voneinander lernen können“. Diese Theologie könne „nicht ‚von oben‘ verordnet werden, sondern wächst von der Basis her durch gemeinsames verantwortliches Handeln“. Es solle ein Klima von „Achtsamkeit und Respekt“ entstehen und zugleich die vorhandenen „Macht-, Unrecht- und Gewaltstrukturen in Kirche und Gesellschaft“ erkannt, benannt und analysiert werden. Für eine Theologie der Vielfalt brauche es „Gerechtigkeitssensibilität und aktive Verantwortungsübernahme“ sowie „Differenzsensibilität“. Es gehe darum, dass Menschen sich gegenseitig bereicherten. „Die Fähigkeit, Unterschiede wahrzunehmen, diese wertzuschätzen und nicht abzuwerten“, helfe, „mit Vielfalt kreativ und lebendig umzugehen“. Alle seien „aufgerufen“, sich an diesen ethischen Debatten und „Klärungen“ zu beteiligen.

In ihrem ebenso knappen Ausblick fordert die Theologin, dass die Mitglieder der *queer community* „als Subjekte ihrer Erfahrungen, ihrer Fähigkeiten und Qualifikationen beteiligt“ sein sollten. „Aus Betroffenen Beteiligte machen“ sei das Motto und das Ziel einer Theologie der Vielfalt. Man wolle den Kirchen „ein menschlicheres und gastfreundlicheres Gesicht" geben. Niemand habe per se die richtigen Antworten, aber dies sei nun einmal „ein Suchprozess, der alle herausfordert". Dieser Suchprozess ermutige einzelne Personen, Gemeinden bis hin zu Organisationen, „sich offen, respektvoll und gastfreundlich" gegenüber denen zu präsentieren, die anders seien als man selber. Dafür brauche es auch „Begegnungsorte". Eine Theologie der Vielfalt könne weiter entwickelt werden, und zwar „praktisch konkret, inhaltlich kritisch und prophetisch visionär". Nötig seien dazu „Zivilcourage, Mit-Leidenschaft und Solidarität, um Benachteiligte und Schwächere zur Teilhabe und Teilnahme zu ermutigen und zu ermächtigen".

Man ahnt im besten Fall, was sie sagen will, die Pastorin, die seit 2014 als Studienleiterin und Pfarrerin beim Evangelischen Studienwerk in Villigst in Westfalen arbeitet, einer Kaderschmiede der Evangelischen Kirche in Deutschland (EKD). Aber versteht das irgendjemand außerhalb der Kirche? Warum diese Sprache? Woher kommt sie?

Der zweite Anstoß: Sandra Bils ist Pastorin der Evangelisch-Lutherischen Landeskirche Hannovers und Honorarprofessorin für Missionarische Kirchenentwicklung an der CVJM Hochschule Kassel. Am 23. Juni 2019 hat sie im Signal Iduna Park, dem früheren Westfalenstadion, wo der Fußball-Bundesligist BVB Dortmund spielt, die Ehre, die Predigt beim Abschlussgottesdienst des Kirchentags zu halten, zu dem nach Angaben der Veranstalter wieder über 120.000 Teilnehmer kamen, TV-Live-Übertragung eingeschlossen – eine fast einmalige Chance der Verkündigung. Die Theologin Bils will über den Hebräerbrief des Neuen Testaments (Hebr. 10.35–36) predigen – und sie will originell, wahrscheinlich auch ein wenig ruhrpottisch sein. Deshalb sagt sie, dass dieser Brief ein „Arschtritt" sei. Es finden sich in ihrer Predigt unvermittelt Formulierungen wie „Chakka – du schaffst es!" oder „... die ihr nicht klarkommt, bei denen es gerade nicht so läuft im Leben". Bils sagt: „Jesus ist der Türsteher, der weiß, wie es ist, als Letzter bei den Bundesjugendspielen durchs Ziel zu gehen und wieder keine Siegerurkunde zu bekommen." oder „Das sind wir: Gottes geliebte Gurkentruppe." Jesus schaue nicht auf „die Siegerurkunde der Bundesjugendspiele" oder den „Body-Mass-Index". „Nur mal angenommen", sagt die Pastorin, „wir würden das echt durchziehen, dieses Vertrauen ..." Und sie regt neue Formen von Kirche an: „Kirche als rollende Frittenbude: Glaube, Liebe, Currywurst."

Auch hier die Frage: Warum sagt sie das so? Was und wen will sie damit erreichen?

Der dritte Anstoß: Im Jahr 1971 schrieb der angesehene evangelische Theologe Gerhard Ebeling (1912–2001), ein Schüler Rudolf Bultmanns und Dietrich Bonhoeffers, ein Mitglied der Bekennenden Kirche in der NS-Zeit und späterer Theologie-Professor u.a. in Tübingen, in seiner „Einführung in theologische Sprachlehre" (sic!): „Überdruß an der Sprache. Überdruß am Wort – so läßt sich formelhaft andeuten, was die heutige Krise des Christentums ausmacht, worin sie ihre tiefste Wurzel hat. Das Vertrauen auf das, was für das Leben des christlichen Glaubens, zumal in dessen reformatorischer Gestalt, konstitutiv ist: nämlich auf das Wort, ist weitgehend geschwunden." Und: „Auch bei denen, die Christen sein wollen und sich als solche bekennen, entsteht eine tiefe Unsicherheit über die Sprache des Glaubens. Die überlieferte christliche Sprache weiß man nicht so zu gebrauchen, daß sie redlich und wirksam im heutigen Kontext zur Geltung kommt. So rückt sie in den Rang einer Fremdsprache, deren man sich allenfalls nur noch in Ausnahmesituationen bedient. Für das alltägliche Leben gerät der Glaube weithin in Sprachlosigkeit und muß entsprechend verkümmern ... So erzeugt die Sprachunsicherheit schließlich einen Überdruß am christlichen Wort. Man wird dessen müde, sich einer Sprache zu bedienen, zu der man in einem gestörten Verhältnis steht." Schließlich: „Die überlieferte Sprache des christlichen Glaubens bedarf einer Interpretation, weil sie – aufs Ganze gesehen – nicht mehr unmittelbar die unsere sein kann."

Das bedeutet, schon vor fast einem halben Jahrhundert erkannte manch hellsichtiger Kopf die Problematik der Sprache des Glaubens. Denn sie beschreibt das Unbeschreibliche, versucht es zumindest – „Denn wie soll das gehen, von Gott sprechen?", fragt der Theologe und Dichter Christian Lehnert in einem denkwürdigen Vortrag an der Jesuiten-Hochschule Sankt Georgen in Frankfurt a.M. Anfang 2019, auf den wir noch zurückkommen. Der Glaube bewegt sich, so er sich selbst beschreiben soll, an der Grenze des Sagbaren – und es ist ganz natürlich, dass die kirchliche Sprache an dieser Grenze oft verrutscht, unpassend wirkt und sich im besten Fall ihrer eigenen Schwächen bewusst ist, wenn sie ehrlich zu sich ist. Gleichzeitig bleibt es ihr Auftrag, zu sprechen, zu verkünden, sie kann sich nicht wie Wittgenstein elegant aus der Affäre ziehen mit der demutsvollen Aussage: „Wovon man nicht sprechen kann, darüber muss man schweigen."

Deshalb schreiben wir über die kirchliche Sprache – nicht als Besserwisser, aber ernsthaft, und hoffentlich nicht ohne Humor. Dieses Buch widmet sich dabei ausdrücklich der **kirchlichen** Sprache.

Der Begriff ist etwas unscharf. Denn innerhalb der kirchlichen Sprache gibt es verschiedene Teilsprachen, die leicht unterschiedlich klingen, weil sie verschiedene Funktionen haben oder von unterschiedlichen Menschen gesprochen werden.

So gibt es die **biblisch-liturgische** Sprache des Gebets und des Gottesdienstes. Sie ist meist sehr alt, dient in der Regel der inneren Sammlung, wird aus guten Gründen in der Regel nur zaghaft verändert, hat oft einen poetischen Einschlag und richtet sich vor allem an die Gläubigen, oder vorsichtiger gesagt: die Menschen im Gottesdienst.

Eine weitere Teilsprache der kirchlichen Sprache ist die **theologische Fachsprache** der akademischen Welt. Sie dient wie alle wissenschaftlichen Fachsprachen der internen, oft verknappten

Kommunikation der Wissenschaftsgemeinde, der *scientific community*. Sie schleppt eine fast 2.000-jährige Geschichte mit sich, erfordert viel Vorwissen und wird von Nicht-Fachleuten meist nur schwer verstanden.

Es gibt die besondere Teilsprache der Predigt in der Kirche. Die **Predigtsprache** ist der biblisch-liturgischen Sprache nahe, denn natürlich finden sich in ihr Gebete und Bibelzitate, die die biblisch-liturgische Sprache prägen. Auch theologische Fachausdrücke nutzt sie recht oft, manchmal zu oft. Vor allem aber wird die Predigtsprache bestimmt durch ihren appellativen Charakter, ihr Ziel der Seelsorge und die direkte Ansprache an eine Zielgruppe, die vor allem aus Christinnen und Christen besteht, bei denen also religiöses Vorwissen vermutet werden darf und ein gewisser Predigt-Duktus geradezu erwartet wird.

Ihr nahe ist die **Sprache der Verkündigungssendungen** in öffentlich-rechtlichen Sendern, die seit Jahrzehnten tausendfach unser Bild von der kirchlichen Sprache prägen – das „Wort zum Sonntag" ist die bekannteste Verkündigungssendung der Bundesrepublik. Die Verkündigungssendungen sind in den Staatsverträgen der öffentlich-rechtlichen Sender vorgeschrieben. Viel Mühe steckt in ihnen, die Volkskirchen stellen eigene Mitarbeiterinnen und Mitarbeiter ab, die sich um sie kümmern – die Sender haben so gut wie keinen Einfluss auf sie. Wegen der Kürze dieser Sendungen (oft nur wenige Minuten) und die meist völlig diffuse Zielgruppe aus Gläubigen, Nicht-Gläubigen und Desinteressierten am Fernseher, Radio oder Rechner hat sich bei den Verkündigungssendungen ein ganz eigener Duktus heraus gebildet, der schon oft reformiert werden sollte und häufig karikiert wurde – aber offenbar nur schwer zu ändern ist.

Die kirchliche Sprache hat als Teilsprache die **kirchenintern-synodale Sprache**, die vor allem in Kirchenverwaltungen oder auf Synoden, also Kirchenversammlungen, zu hören ist. Am auffälligsten ist auf den recht häufigen evangelischen Synoden die Anrede als „Bruder" und „Schwester", also zum Beispiel: „Bruder Huber“ oder „Schwester Schwaetzer“. Hier mischen sich biblisch-liturgische Versatzstücke, Elemente der Predigtsprache und theologische Fachausdrücke mit einer Politik- und Verwaltungssprache.

Schließlich gibt es noch als vielleicht kleinste Teilsprachen der kirchlichen Sprache die Sprache der kirchlichen **Verlautbarungen** (also vor allem „Denkschriften“ oder Gemeinsame Worte der Volkskirchen zu gesellschaftlich-politischen Themen), die **Pressemitteilungen** vor allem der bischöflichen oder landeskirchlichen Medienabteilungen (von denen es, geschätzt, immerhin rund 50 gibt) und die ganz eigene Sprache der **Evangelischen Kirchentage** und **Katholikentage** beziehungsweise seit ein paar Jahren der **Ökumenischen Kirchentage**. Kirchentage oder Katholikentage sind eine deutsche Besonderheit, die seit rund 170 Jahren existiert, vor allem „einfache“ Gläubige anspricht und mit großen Schwankungen und Pausen Jahr für Jahr bis zu 200.000 Teilnehmerinnen und Teilnehmer anlockt – auch die dort gesprochene Sprache hat die kirchliche Sprache beeinflusst, wie wir zeigen werden.

All diese Teilsprachen der kirchlichen Sprachen beeinflussen sich logischerweise gegenseitig, denn ihre Trägerinnen und Träger sind ja im ständigen Austausch miteinander – und deshalb gibt es nach unserer Ansicht und nach der Ansicht der von uns befragten Fachleute eben doch eine übergreifende, ganz eigene kirchliche, viel zu oft blutleere Sprache, der wir uns in diesem Buch widmen wollen.

Die kirchliche Sprache ist Fluch (und Segen) der Kirchen in der Bundesrepublik, in jedem Fall von enormer Bedeutung, denn das Wort ist nach wie vor ihr zentrales Verkündigungsinstrument in die Gesellschaft hinein – oder, kirchlich gesprochen, an die Mitmenschen. Eine Kirche, die mit ihrer Sprache nur noch die Ihrigen, die Gläubigen, erreicht und nur noch von ihnen verstanden wird, verliert sich in einer selbst gewählten Wagenburg, in einer *splendid isolation*. Um es mit einem Jesus-Wort zu sagen: „Die Starken bedürfen keines Arztes, sondern die Kranken. Ich bin gekommen, zu rufen die Sünder zur Buße, und nicht die Gerechten." (Markus 2,17). Oder, um es etwas moderner mit dem Jahrhunderttheologen und Widerstandskämpfer Dietrich Bonhoeffer auszudrücken: „Die Kirche ist nur Kirche, wenn sie für andere da ist." Das heißt, etwas überspitzt gesagt: Wo die Kirche nur noch in den Innenraum spricht oder aufgrund ihrer ganz eigenen Sprache nur noch von ihren Gläubigen verstanden wird, verfehlt sie ihren wichtigsten Auftrag, hört auf, Kirche zu sein.

Aber es gibt ein Problem mit dieser kirchlichen Sprache: Bei der Recherche zu diesem Buch haben wir festgestellt, dass es, auch und gerade in Kirchenkreisen, einen „Überdruß an der Sprache", an der kirchliche Sprache gibt – und gleichzeitig keine oder nur sehr wenig Literatur dazu. Gelegentlich erscheinen in der einschlägigen Fachpresse kleinere Artikel zur Kirchensprache – so etwa im „Kirchenbote Osnabrück" im August 2019 eine Sammlung von 17 Wörtern des Kirchenslangs. Überschrift: „Wenn Kirchensprech nervt". Ein verwandtes Beispiel ist eine Sammlung von knapp 50 Redewendungen wie etwa „Das Gewordene und das Gewesene" oder „Gott sieht Ihre Sorgen", die die evangelische Monatszeitschrift „chrismon" im gleichen Jahr unter der Überschrift „Lexikon Evangelisch-Deutsch" auf einer Seite veröffentlichte (06.2019) – samt einem ziemlich peinlichen roten Button „Achtung Satire!", der hoffentlich ironisch gemeint war.

Der evangelikal angehauchte Journalist und Publizist Andreas Malessa hat schon vor Jahrzehnten „Das fromm-deutsche Wörterbuch" heraus gegeben, das in unterschiedlichen Auflagen auch andere Titel trägt. Er konzentriert sich jedoch vor allem auf die Sprache, die in evangelikal-pietistischen Kreisen gesprochen wird, und dies ist nur ein kleiner Teil der kirchlichen Sprache, wie wir sie heute kennen, auch weil diese besonders frommen Gruppen des Protestantismus immer kleiner werden. Früher nannten manche diese besonders fromme, heute vor allem evangelikal geprägte Sprache „Die Sprache Kanaans". Ein schöner Ausdruck, denn er zeigt ja an, dass sie geheimnisvoll ist – aber auch fast verschwunden. Uns geht es aber um die noch ziemlich lebendige, öffentliche Sprache der Kirche.

Der katholische PR-Mann und Publizist Erik Flügge hat vor ein paar Jahren die richtige Nase gehabt und „Der Jargon der Betroffenheit. Wie die Kirche an ihrer Sprache verreckt" geschrieben. Es wurde ein Bestseller, was zeigt, dass es Interesse an diesem Thema gibt, obwohl die Zahl der Christinnen und Christen seit Jahrzehnten kontinuierlich abnimmt und bald die Hälfte der Deutschen keine Christen mehr sein wird. Allerdings ist Flügges Ansatz ein stark subjektiver, es ist ein großer, wortgewaltiger und schmissiger Appell, was die Kirche besser machen sollte mit ihrer öffentlichen Ansprache (und hier drängt sich der berufliche Hintergrund des Autors stark nach vorne). Die analytischen Passagen treten dagegen stark zurück, weshalb dieses Buch in Kirchenkreisen nicht sehr ernst genommen wurde – und die Wissenschaft es fast links liegen gelassen hat.

Wir hoffen dagegen, dass wir in diesem Buch etwas weiter und tiefer schürfen können, journalistisch-beschreibende Passagen wollen wir begrenzen. Wir haben uns bemüht, mit wichtigen Stimmen in der Theologie, in der Kommunikations- und Geschichtswissenschaft sowie in der Kirchenleitungsebene über das Phänomen der heutigen kirchlichen Sprache zu sprechen – oder mit Intellektuellen, denen wir ein besonderes Gefühl für die (kirchliche) Sprache unterstellten. Die in diesem Buch zu lesenden Zitate dieser Fachleute stammen aus exklusiven (und autorisierten) Interviews, die wir mit ihnen zum Thema „kirchliche Sprache" geführt haben. In der Regel bekamen wir dabei zu hören, dass dies ein wichtiges und drängendes Thema sei, zu dem aber bisher eigentlich nichts Ernsthaftes erschienen sei. Wir konnten sicherlich nicht mit allen Fachleuten sprechen, die vielleicht Wichtiges zu unserem Thema hätten beitragen können. Aber wir hoffen, dass wir doch die wichtigsten Fragen und Probleme ansprechen können. Und wir haben ein Glossar erstellt, dass die typische kirchliche Sprache in einzelnen Worten umfasst – auch das wäre natürlich jederzeit zu ergänzen.

Die Grundthese dieses Buches ist es, dass die kirchliche Sprache von heute zwar einen weiten Vorlauf bis in die Reformationssprache hat – die daraus in den folgenden Jahrhunderten entstandene „Sprache Kanaans“ aber heute nicht mehr von großer Prägekraft ist. Wichtiger für die heutige kirchliche Sprache ist das für Deutschland so prägende protestantische Pfarrhaus, die Kirchentage der vergangenen Jahrzehnte und die soziologische und vor allem sozialpädagogische Sprache der Siebziger- und Achtzigerjahre, womöglich in Reaktion auf die Sprache der Nationalsozialisten, von der man sich absetzen wollte. Es sind konfessionelle Unterschiede aufzuzeigen, die es auch bei der kirchlichen Sprache gibt. Die kirchliche Sprache verschweigt viel, sie kennt Sprachlosigkeiten – und sie vertuscht Macht, Hierarchien und auch Gewalt. Sie ist in weiten Teilen eine Sprache der Vorsicht, ja der Angst, sie meidet Klarheit und verdeckt Verantwortung. Sie simuliert eine Nähe, ja manchmal gar eine Sinnlichkeit, die sie in Wahrheit gar nicht besitzt. Die kirchliche Sprache ist gefärbt von einem ganz bestimmten Milieu, dem Bürgertum, was ihre Schwäche, aber auch zum Teil ihre Stärke ist. Sie wird von der bürgerlichen Gesellschaft geprägt, wirkt aber auch auf sie zurück. Die Sprache, die wir untersuchen, hat Vorteile, weshalb sie sich etablieren konnte und sich so hartnäckig hält. Sie hat aber auch Nachteile, die größer sind, ja womöglich einen Teil der Krise der Volkskirchen ausmachen. Zum Schluss fragen wir: Nutzen die Kirchen vielleicht diese weiche, unklare Sprache, weil es ihr selbst an Klarheit, Kraft oder gar festem Glauben fehlt? Sollte man diese Sprache überwinden? Und wie könnte das geschehen?

Die folgenden Kapitel sollen diese Thesen erläutern und belegen. Voran gestellt sei ein hartes Wort des Schweizer evangelischen Theologen Rudolf Bohren (1920–2010), der unter anderem beim evangelischen Jahrhunderttheologen Karl Barth studiert hatte und ab 1974 viele Jahre an der Universität Heidelberg eine Predigtforschungsstelle aufbaute. In einem Referat vor evangelischen Kirchenmusikern hat Bohren schon 1978 überspitzt gesagt: „In einer Zeit, da die Kirche unglaubwürdig erscheint, kann nicht genau genug auf die Worte geachtet werden; denn die Kirche erscheint nicht deshalb als unglaubwürdig, weil sie es zu genau nimmt mit dem Wort, sondern weil sie zu viel lügt."

KAPITEL 2

Kennzeichen der kirchlichen Sprache

Wenn der Berliner Historiker Paul Nolte, Sohn eines Pfarrers, ehrenamtlicher Präsident der Evangelischen Akademie zu Berlin und Mitglied der EKD-Synode, die kirchliche Sprache beschreiben soll, dann fällt ihm schon nach wenigen Minuten Otto Waalkes ein. Der ostfriesische Komiker erzählt in seinem Sketch „Das Wort zum Montag", dass er neulich in seiner Musikbox geblättert und die Zeile gefunden habe:

> *„‚Theo, wir fahr'n nach Lodz!'*
> *Nun, was wollen uns diese Worte sagen?*
> *Da ist von einem Menschen die Rede. Von einem ganz bestimmten Menschen. Nicht Herbert, nicht Franz, nicht Willy, nein, Theo ist gemeint. Aber um welchen Theo handelt es sich? Ist es nicht auch jener Theo in uns allen? Jener Theo, der in so wunderbaren Worten vorkommt, wie Theologie, Theodorant, Tee oder Kaffee? Und an diesen geheimnisvollen Theo ist eine Botschaft gerichtet:*
> *‚Theo, wir fahr'n nach Lodz!'*
> *Vier fahr'n. Da sind also vier Menschen unterwegs. Und wer sind diese vier? Sind es die vier Jahreszeiten? Die vier Musketiere? Oder sind es vier alle?"*

Der Sketch von Otto ist über 40 Jahre alt – und schon damals wies die kirchliche Sprache bestimmte Eigenheiten auf, die so deutlich waren, dass sie leicht persifliert werden konnte. Zum Beispiel das

„Wir". Es ist noch heute ein häufiges Kennzeichen der kirchlichen Sprache, der Gebrauch der ersten Person Plural: „Lass uns" oder „Wir". Es ist ein umarmendes Wir – wie auch bei „Uns alle". Der Münchner Theologe Friedrich Wilhelm Graf argumentierte schon vor Jahren, die evangelische Kirche predige zu häufig einen „Kuschelgott", was einher gehe mit einem „Umstellen auf einen Psychojargon, in dem es permanent um das ‚Fühl dich wohl' geht und in dem elementare Spannungen und Widersprüche des Lebens kaum noch eine Rolle spielen ... Aber es käme doch gerade darauf an, die existenziellen Spannungen des Lebens religiös zu deuten und nicht einfach durch ein bisschen Wohlfühlrhetorik zum Verschwinden zu bringen".

Wodurch ist die kirchliche Sprache gekennzeichnet? Sie ist, gerade beim Predigtton, zum einen häufig stark moralisierend und wertend. Sie arbeitet oft mit rhetorischen Fragen und benutzt nicht selten Wortspiele, die manchmal ins Kalauerhafte abrutschen – in der Hoffnung, darüber erschlössen sich neue Bedeutungen.

Wie stark die kirchliche Sprache ist, zeigt sich darin, dass man in sie verfallen kann, auch wenn man das gar nicht will. Auch Geistliche, die sehr bewusst, ja manchmal brillant mit der Sprache umgehen, wie etwa der Essener Bischof Franz-Josef Overbeck, sind sich der Verlockung der kirchlichen Sprache bewusst, gerade weil sie nach vielen Jahren im geistlichen Amt so leicht über die Zunge geht: „Es gibt Worte, die ich versuche, aus meinem Wortschatz zu eliminieren – aber manchmal rutschen sie auch mir durch. Das Wort ‚gleichsam' oder ‚Ein Stück weit' – beides kommt häufig vor. Ebenso die Wörter oder Redewendungen ‚vielleicht', ‚bedeutsam für die Seele' oder ‚Jesus würde es heute vielleicht so sagen'."

Die kirchliche Sprache ist ein Gruppenidiom, in das man häufig hinein sozialisiert wird, zuerst wird es passiv verstanden oder gesprochen. „Aber ab einem bestimmten Punkt merkt man, dass man selbst anfängt, so zu ‚kirchlichen'", so beschreibt es der Münchner Theologieprofessor Reiner Anselm, Vorsitzender der

Kammer für Öffentliche Verantwortung der EKD. Die kirchliche Sprache empfinden viele Kirchenleute fast wie einen Zwang, in den man gerät, sobald man einige Jahre für die Kirche arbeitet.

Der katholische Münsteraner Dogmatiker Michael Seewald zählt zur kirchlichen Sprache „Unworte", die man eigentlich vermeiden wolle. Mit leichter Selbstironie sagt er: „Ich falle zum Beispiel auf die Wortkombination ‚immer wieder' selbst immer wieder herein, obwohl mich das bei anderen stört." Irgendwann aber habe man sich ein Reservoir an Phrasen kirchlicher Prägung zurechtgelegt. Und vielleicht stimmt es, was viele erfahrene Predigerinnen und Prediger sagen, dass man bei Predigten kaum um Floskeln herum komme.

Ein Problem der kirchlichen Sprache ist, dass sie auf einen oft veralteten Wort- und Bilderschatz von rund 2.000 Jahren zurückgreifen kann, der sich angesichts der intensiven Ausbildung der Theologinnen und Theologen mit dieser Tradition allzu leicht in die heutige Sprache hinein schleicht.

Diese alte Tradition ist prägend. Manche sehen in dem „Kirchensound" einen Ausdruck der kirchlichen Architektur der „Gestalteten Mitte", die nur noch Insidern etwas sagt oder nur noch sie bewegt. In den Schaukästen oder den Gemeindebüros von Kirchengemeinden finden sich seltsame Poster, auf denen über Schafherden häufig Worte von gestern stehen. Es ist verführerisch, sich einer alten Sprache und der alten Bilder zu bedienen, ohne überhaupt darüber nachzudenken, ob sie heute noch verstanden werden, ob sie nicht schon längst in Klischees erstarrt sind. Dann wird etwa in großstädtischen Gemeinden permanent über Hirten und Könige gesprochen, „aber nicht über die U-Bahn, die einen nervt", wie Petra Bahr, Regionalbischöfin in Hannover, konstatiert. Viele Theologinnen und Theologen beschreiben es so, dass sie leicht in diesen Sound hineinrutschen, wenn sie sich nicht vorher genug Gedanken gemacht hätten, zu wenig vorbereitet waren oder nicht hart genug mit dem Text, den sie auslegen wollen oder der Kirchenordnung gemäß auslegen sollen, gerungen haben. Und das Schlimme ist dabei noch, dass man oft mehr Lob bekommt, wenn man den „Kirchensprech“ bedient, als wenn man ihn zu vermeiden trachtet.

Die kirchliche Sprache ist eine Sprache, die viele Floskeln enthält. Es wird erzählt, was vermeintlich theologisch richtig ist. Dies ist eine Methode, um sich mit seinen eigenen Ansichten ganz gut verstecken zu können, denn dann muss man nicht sagen, was man selbst von einer Sache denkt. Oft werden dabei Formulierungen genutzt, wie man sie in klassischen dogmatischen Lehrbüchern findet, auch wenn man sie selbst überhaupt nicht mehr versteht, vielleicht nur kurz im Studium einmal verstanden hat.

Die ehemalige Generalsekretärin des Deutschen Evangelischen Kirchentags und Co-Leiterin der Grünen-nahen Heinrich-Böll-Stiftung, Ellen Ueberschär, spricht hier von „dogmatischen Richtigkeiten“, die gefahrlos genutzt werden können, denn sie entsprechen dem, was von einer Pfarrerin, einem Pfarrer erwartet wird. Aber es gibt dabei ein Problem: „In Andachten zum Beispiel erschließen sich die Texte so nicht, sondern man bleibt an der Oberfläche, die nur noch gut klingt“, sagt Ellen Ueberschär. Dazu gehören feste Redewendungen wie etwa: „Gott erhöre uns und schenke uns Frieden!“ Es ist fraglich, wem solche Redewendungen noch etwas sagen – auch wenn sie gemäß der christlichen Theologie nicht falsch sind.

Hinzu kommt, dass man die kirchliche Sprache als eine besondere Form eines Soziolekts begreifen kann, der sich aus gleichen Normen und Werten ergibt. Das ist auch nichts Erstaunliches. Viele Gruppen oder Milieus haben ihre eigene Sprache. Es gibt Soziolekte in der Wissenschaft, der Wirtschaft, im Sport, in der Kultur, ja selbst Junkies haben ihre eigene Sprache. Daran ist auch wenig verkehrt. Solche Soziolekte sind oft sinnvoll. Dadurch erkennen die Mitglieder einer Gruppe, wen sie vor sich haben – also Gleichgesinnte oder Fremde.

Eine gemeinsame Sprache, ein Soziolekt, verbindet, das ist ihr Vorteil. Ihr Nachteil ist, dass sie aber auch abgrenzt. Soziolekte schaffen Zugehörigkeit, sie stabilisieren die Identität der Sprechenden und den Zusammenhalt der Gruppe. Auch bei der Kirche ist das der Fall, mit vielleicht einer Besonderheit. Der Essener Kommunikationsforscher Jo Reichertz sagt: „Die Ziele Nähe, Aufrichtigkeit, Mitfühlen – das wären die zentralen symbolischen Verdichtungen der kirchlichen Sprache, um die sich alles dreht, um die es geht."

Insofern ist es wahrscheinlich passender, den kirchlichen Duktus schlicht als eine Teilsprache des Deutschen zu bezeichnen. Es ist ein Soziolekt einer immer noch ziemlich großen Gruppe, die zumindest gelegentlich mit dieser Teilsprache zu tun hat – immerhin gibt es derzeit in Deutschland noch über 40 Millionen Christinnen und Christen, das ist etwa die Hälfte der Bevölkerung. Die kirchliche Sprache könnte man genauer wohl auch als ein Soziolekt sozialer Subsysteme in Sinne von Niklas Luhmann bezeichnen – aber das hilft ebenfalls nicht sehr viel weiter. Wichtiger ist, dass viele Worte der kirchlichen Sprache erst kirchenspezifisch werden durch die Verwendungskontexte, die Sprechhaltungen oder gar die Intonation, in denen sie genutzt werden. Otto Waalkes mit seinem „Vier fahren nach Lodz" lässt da grüßen.

Der kirchlichen Sprache ist eigen, dass sie Aggressionen zu bremsen oder zu vertuschen trachtet und in einer passiv-aggressiven Form gleichwohl beim Gegenüber ein schlechtes Gewissen zu schaffen vermag. Es ist eine Sprache, die oft überhäuft ist mit Adjektiven, was in der Regel Zeichen eines schlechten Stils ist, – und die zugleich zu vielen Wertungen neigt. Insofern hat sie auch etwas Lehrer- oder Gouvernantenhaftes. Böse gesagt, neigt die kirchliche Sprache schon in ihrem Duktus zur Besserwisserei, was sie noch schwerer verdaulich macht.

Auch das Glossar in diesem Buch deutet an, dass häufig erst der Zusammenhang der Wörter und der Tonfall der Sprache die kirchliche Sprache ausmachen. Paul Nolte nennt ein Beispiel: „Ein Wort wie ‚eckig' passt manchmal rein, gerade weil die kirchliche Sprache nicht besonders eckig ist." Die Redewendung „aus Betroffenen Beteiligte machen“ klingt dagegen sowohl nach kirchlicher Sprache als auch nach dem Wörterbuch des Managements 2.0. Es kommt eben meistens auf die ganzen Wendungen an. Dabei ist auffällig, dass die kirchliche Sprache zu Aufblähungen neigt. So reicht es nicht, das Wort „berühren“ zu nutzen, es wird auch gern zu „Lass uns die Berührung suchen“ aufgebläht – gerade die alte „Sprache Kanaans“ neigt zu solchen Blähungen, die nicht mehr Inhalt, dafür umso mehr ungewollte Komik transportieren.

Wenn es stimmt, dass die Ziele der kirchlichen Sprache vor allem Nähe, Aufrichtigkeit und Mitfühlen sind, dann ist das schön – es hat aber auch einen Preis für diese Sprache. Einer ist, dass der kirchlichen Sprache und dem kirchlichen Duktus eine klare Widerrede, gar widersprechende Wörter kaum zur Verfügung stehen, sie sich damit zumindest schwer tut: Die kirchliche Sprache erlaubt kaum adversative Aussagen, die etwa sagen, man sei ein Idiot, die von ihm geäußerte Ansicht sei Schwachsinn – und überhaupt habe man von dem/der Sprechenden wenig Sinnvolles bisher gehört. Interessant ist, dass die kirchliche Sprache dabei oft zu Ich-Aussagen neigt, die eigentlich ein Ausweis von Emotionalität sein sollen, denn in dieser Form werden in der Regel Befindlichkeiten ausgedrückt. Aber das muss im kirchlichen Miteinander und deshalb auch in der Sprache in aller Regel hinter Adjektiven möglichst weit zurück gedrängt werden, so dass man diese Emotionen kaum mehr richtig wahrnimmt.

Es kommt bei der kirchlichen Sprache eben sehr darauf an, wie man etwas meint und wie man es versteht. „Wenn man dauernd darin kommuniziert, dann weiß man schon, wann eine rote Linie überschritten ist, wann da ein hochroter Kopf ist, der sich dahinter verbirgt“, sagt Reiner Anselm. Und mit etwas Selbstironie ergänzt der evangelische Professor: „Das erfordert ein hohes Maß an Selbstkontrolle – und das ist wieder etwas sehr Protestantisches.“ Diese Selbstkontrolle, das Hinter-das-Gesagte-Schauen, die vergifteten Ich-Botschaften – all das haben viele Theologinnen und Theologen, Pfarrerinnen und Pfarrer schon seit ihren Kinder- und

Jugendtagen gelernt und verstanden. Es ist ein Lesen zwischen den Zeilen, und natürlich ist es auch eine Adaptionsleistung. Oder wie es Anselm in einem schönen Bonmot sagt: „Wenn jemand eine Ich-Botschaft los wird, weiß man schon, jetzt wird es kritisch."

KAPITEL 3

Die Sprache Kanaans?

Die Reflexion des Christentums über seine eigene Sprache ist uralt. Schon die frühen Christen haben sich gefragt, ob dieses und jenes griechische Wort nun passend ist, wenn sie ihren Glauben zu beschreiben suchten. Selbst große Philosophen wie Immanuel Kant haben sich mit der Frage auseinandergesetzt, wie eine religiöse Sprache angesichts der neuen Entwicklungen in der Philosophie aussehen könnte. Sprachkritik in der Kirche ist also nichts Neues – und sicherlich wäre es falsch zu behaupten, früher habe die kirchliche Sprache immer gepasst, heute funktioniere sie dagegen überhaupt nicht mehr.

Jemand, der das beurteilen kann, ist der Liturgiewissenschaftler und Homiletiker („Homiletik" = Predigtlehre) Alexander Deeg von der Universität Leipzig. Er erklärt, er sei zunehmend skeptisch bei jeder dichotomen Gegenüberstellung, wonach die kirchliche Rede gegenwärtig problematisch sei – und deshalb grundlegend verändert werden müsse. „Es gab immer wieder ganz wunderbare, berührende, ernste und direkte kirchliche Rede – und schon immer das, was man kennt: eine kirchliche Floskelhaftigkeit, eine Langeweile oder das Verstecken des Redenden hinter der Übermacht der Konvention."

Die Kritik an der kirchlichen Sprache kommt über die Jahrzehnte immer wieder hoch, sie ist permanent in der Kirche, manche nennen sie sogar zyklisch. Die kirchliche Sprache steht dabei in jedem Zeitalter in der Gefahr, in erprobten Redeweisen zu verharren, in Gewohnheiten zu ersticken, weil man sich hinter

Konventionalitäten und Begrifflichkeiten gut verstecken kann. Schon der Theologe Friedrich Niebergall schrieb 1909 in seinem Buch „Wie predigen wir dem modernen Menschen?“ ein Kapitel mit dem bezeichnenden Titel „Der Kirchenschlaf“. Darin warnt er davor, die Predigt dürfe keine reine Geräuschkulisse sein, kein inhaltsleeres semantisches Rauschen – und Niebergall findet für dieses Scheitern des Predigers einen schönen Ausdruck: „Es predigt.“

Für dieses fromme Gerede ohne Inhalt beziehungsweise eine in sich abgeschlossene kirchliche Sprache gerade in der Predigt wird heute häufig abschätzig der Ausdruck „Die Sprache Kanaans“ genutzt. Das ist etwas boshaft, denn ursprünglich war der Ausdruck „Sprache Kanaans“ gar nicht so negativ gemeint. Er ist wahrscheinlich dem Buch Jesaja im Alten Testament entlehnt, wo es im 19. Kapitel (Vers 18) heißt: „Zu der Zeit werden fünf Städte in Ägyptenland die Sprache Kanaans sprechen …“

Die „Sprache Kanaans“ wurde vor allem in den vergangenen Zeiten der noch unbestrittenen Volkskirchen genutzt, als man üblicherweise einfach Mitglied einer Kirche war und der Prozentsatz der Nicht-Christen in der Gesellschaft im einstelligen Prozentbereich zu verorten war. In einer solchen Situation wurde die „Sprache Kanaans“ einigermaßen verstanden – oder auch nur in Kauf genommen, da sie das erwünschte Gefühl evozierte, gerade bei der Predigt im Gottesdienst.

Wer heute im Raum der Kirche dagegen sagt, da nutze jemand die „Sprache Kanaans“, meint das eher negativ, bestenfalls selbstironisch, denn hier gebraucht jemand demnach alte Wörter, die kaum noch einer versteht. Der große evangelische Theologe Fulbert Steffensky beschreibt die „Sprache Kanaans“ als eine „nicht aufgeschlüsselte Sprache“, bei der zum Beispiel über zentrale Worte des Christentums wie Gnade und Schuld in einem völlig abstrakten Sinne geredet werde. Es sei ein „innerkirchliches Geklingel“. Steffensky vergleicht die „Sprache Kanaans“ mit der biblischen „Zungenrede“, die Paulus im 1. Korintherbrief nicht nur positiv wertet, wenn er sagt: „Wer in Zungen redet, erbaut sich selbst."

Sowohl im Vokabular wie im Satzbau ist die „Sprache Kanaans" noch heute geprägt von der Bibel, die gerade in pietistisch-evangelikalen Kreisen eine überaus große Rolle im Alltag und in der Verkündigung spielt. Recht typisch für diesen Duktus war zuletzt die Rücktrittserklärung des sächsischen Landesbischofs Carsten Rentzing Mitte Oktober 2019, der über frühere Veröffentlichungen in rechtskonservativen Publikationen gestolpert war. Seine Erklärung endete mit den Worten: „Lassen Sie sich an die Worte Jesu erinnern: ‚Ich habe ihnen die Herrlichkeit gegeben, die Du mir gegeben hast, damit sie eins seien wie wir eins sind.' (Johannes 17,22)."

Die „Sprache Kanaans" lässt sich leicht karikieren – und es ist sicherlich kein Zufall, dass es einen Wikipedia-Eintrag gibt, der mit ganz sanfter Ironie etwa diese schönen Formulierungen der „Sprache Kanaans" zitiert: „Als ich noch in der Welt war ..." für: „Bevor ich Christ wurde ..." oder „Ich habe keine Freudigkeit." für: „Ich habe keine Lust." Weiter: „Beuget eure Herzenskníe" für „Seid demütig" und „Mir ist ein Wort groß geworden." für „Mich hat ein Bibelvers beeindruckt." Der in evangelikalen Kreisen sehr bewanderte Journalist Andreas Malessa hat, wie erwähnt, schon 1992 über diese „Sprache Kanaans" in besonders frommen christlichen Kreisen ein Buch veröffentlicht, das er 2002 noch einmal überarbeitet und erweitert unter dem Titel „Das fromm-deutsche Wörterbuch" herausgegeben hat.

Doch Vorsicht! Das heißt natürlich nicht, dass alle alten Wörter der Kirche wie „Gnade" oder „Sünde" an sich schon zu einer veralteten „Sprache Kanaans" gehören. Es ist schlicht falsch, mit Verweis auf diese angebliche „Sprache Kanaans" auf Wörter wie „Gnade", „Amen" oder gar „Gott" zu verzichten und stattdessen nach neuen Wörter zu suchen, die dann aber häufig nicht passen – etwa „spirituelle Energie" für Gott. Aber viele Theologinnen und Theologen räumen gleichwohl die Schwierigkeit ein, dass man heute sehr basal biblische Begriffe oder Bilder erklären muss, also zum Beispiel: Was heißt Gnade? Was heißt Rechtfertigung? Was bedeutet Amen? Was ist ein Gebet? Petra Bahr mahnt: „Die Verwahrlosung kirchlichen Sprechens liegt gerade nicht an den großen biblischen Texten, sondern da, wo man versucht, es besser, anders, cooler oder moderner zu machen."

Eine weitere Tücke der vor allem protestantischen Färbung der „Sprache Kanaans", die in Reinform nur noch selten vorkommt, liegt nach den Worten von Alexander Deeg in der Forderung: „Man kann nicht anders von Gott reden als in existenzieller Betroffenheit." Die Sprache theologischer Richtigkeit und großer Sätze, die heute oft als „Sprache Kanaans" kritisiert wird, hat früher vor allem behauptend von Gott gesprochen. Das waren dann Sätze wie „Gott ist der, der als Schöpfer in dieser Welt da ist." oder „Gott hat seinen Sohn Jesus Christus gesandt, der die Erlösung bewirkt". Diese Sprache beziehungsweise diese Formulierungen sprechen aber immer weniger Menschen an, weil sie eine theologische Vorprägung, ja vielleicht sogar eine christliche Sozialisation voraussetzen, ohne die diese Worte eher unverständlich bleiben, eben eine „Sprache Kanaans", die schon vergangen ist. „Und diese großen Sätze waren oft ja auch ohne existenzielle Verankerung", meint Deeg.

Das alles ist so neu nicht. Kluge Beobachterinnen und Beobachter haben die kirchliche Sprache schon in früheren Jahrzehnten und Jahrhunderten immer wieder kritisiert, auch mit Verweis auf eine verschlossene „Sprache Kanaans". Aber womöglich musste erst das Modell der Volkskirche an sein Ende kommen, mussten also die Christinnen und Christen in der Gesellschaft in die Minderheitenposition rutschen, ehe erkannt werden konnte, dass die „Sprache Kanaans" kaum jemanden mehr erreicht. „Vielleicht merken wir heute erst, was los war", meint Fulbert Steffensky, und das sei doch relativ neu. „Haben wir eigentlich über uns selbst nachdenken können – über uns selbst außerhalb des Systems?" Es fehle der kirchlichen Sprache eben oft die Verankerung im Leben:

„Wenn ich Sünde sage, folgt auf dem Fuß Verzeihung“, sagt er – und ergänzt: „Da reibt man sich an nichts mehr, das passt auch immer – das ist das Gefährliche. Sprachen, die keine Herkunft mehr haben, die nicht mehr aus dem Dreck des Alltags kommen.“

Der kirchlichen Sprache und der „Sprache Kanaans“ im Besonderen fehlt es meist an Leben, sie hat häufig etwas Unsinnliches, vielleicht auch, weil die Sprechenden selbst zu wenig Leben selbst erlebt haben – oder sich nicht trauen, genau das erzählen. Es fehlt dieser Sprache oft der Hinweis, dass es auch im Gottesdienst, auch im Kleid einer alten, kirchlichen Sprache, um die heutige, um die eigene Existenz geht, also um das Leben und Überleben im Heute, in Gefährdung, Armut und Krankheit.

Die „Sprache Kanaans“ ist also ein kirchlicher Teil-Duktus, der einst womöglich seine Funktion hatte, aber seitdem erstarrt ist und seinen Charme und seine Kraft heute kaum mehr entfalten kann. Der Münsteraner katholische Dogmatiker Michael Seewald weitet die schon genannte Ambivalenz, mit der Paulus das Zungenreden betrachtete, auf die heutige kirchliche Sprache aus: „Man könnte sie mit ‚In Zungen sprechen‘ beschreiben, was ja eine ambivalente Bedeutung hat – nach biblischem Vorbild ist das eine charismatische Rede, aber auch etwas Unverständliches.“

KAPITEL 4

Die Herkunft der kirchlichen Sprache

Wenn es um die Herkunft der kirchlichen Sprache geht, gräbt der österreichisch-schweizer Mittelalter-Historiker Valentin Groebner, der zugleich Mitglied der Deutschen Akademie für Sprache und Dichtung ist, am tiefsten. Er sieht die heutige kirchliche Sprache in der Tradition der Bettelorden gegründet. Sie hätten ein wirkungsvolles gemeinschaftliches „Wir" geschaffen, das die kirchliche Sprache noch heute präge: „Innerhalb der Geschichte der kirchlichen Rhetorik war beides immer sehr eng miteinander verkoppelt: Die Bettelorden predigten zu den Frauen und in der Volkssprache, sie waren demonstrativ besitzlos, und ihre Botschaft lautete: Ihr seid Arme, und wir sind Arme im Namen Christi – auch wenn wir diese riesigen Kirchen mit prächtigen Inneneinrichtungen haben."

Aber in diesen Kirchen, so Groebner, seien immer alle willkommen gewesen. „Wir sind ein großes Wir. Die anderen – die Juden, die Muslime und die Sodomiter – gehören nicht dazu." Man habe dafür gesorgt, dass die anderen ausgegrenzt, im schlimmsten Fall verbrannt worden seien, weil man sich von ihnen bedroht gefühlt habe.

Und noch heute sieht Groebner ein ähnliches „Wir" in der kirchlichen Sprache wirksam, nämlich in der „moralisierenden Wir-Müssen-Sprache", zu der die Kirche neigt. Innerhalb dieses Systems ist es dennoch sehr schwer, auf die moralisierende, auf die sehr inklusive Erste Person Plural zu verzichten. Denn diese Sprache biete bis heute große Vorteile: „Die Kirchen wollen gleichzeitig die radikale Alternative und der Mainstream sein – und dafür ist diese Sprache toll."

Wo liegen die Ursprünge der heutigen kirchlichen Sprache? Eine Quelle ist, wie im vorherigen Kapitel gesehen, die so genannte „Sprache Kanaans", die vor allem im 19. Jahrhundert in besonders frommen Kreisen entstanden sein dürfte. Wichtiger aber sind heutzutage zwei andere Wurzeln der kirchlichen Sprache.

Dazu ist ein kleiner Ausflug in die Sprachtheorie und Soziologie nötig: In den Sechzigerjahren hat die kirchliche Sprache wie die gesellschaftliche Mainstream-Sprache vor allem durch die neueren Wissenschaften Impulse bekommen, etwa durch die Sprachphilosophen Austin und Searle. Sie haben in ihren Sprachtheorien festgestellt, dass Sprechen immer auch Handeln ist – eine Erkenntnis, die sich in unseren Tagen weitgehend durchgesetzt hat. Man verändert Dinge und Menschen durch Sprechen. Kommunikation ist nicht nur ein Übermitteln von Botschaften, sondern eine besondere Form der Interaktion, nämlich das Handeln mit Symbolen.

Dieses Denken hat mit einem größeren Einfluss der politischen Linken auf die deutsche Politik und Gesellschaft in den Sechzigerjahren zu tun. Die Linke hat in dieser Zeit immer betont, dass die unterschiedlichen Formen des Sprechens dabei helfen, gesellschaftliche Unterschiede zu schaffen und aufrecht zu erhalten. Die Sprache wird als ein Unterdrückungsmechanismus gesehen, der entschärft (oder für eine bessere Sache eingesetzt) werden muss. Das bedeutete für eine linke Politik, dass sie danach strebte, über die Unterdrückungsmacht der Sprache aufzuklären. Das Ziel war, in gleicher Augenhöhe miteinander zu sprechen – und es ist kein Zufall, dass der Ausdruck „in Augenhöhe" heute so populär ist.

Wenn aber Sprechen Handeln heißt, dann hat das Folgen. Man spricht dann nicht nur über die Wirklichkeit, sondern stellt sie sprechend her. Deshalb sollte man genau überlegen, was man sagt und mit welchen Folgen. „Besseres Sprechen soll ein befreiendes Sprechen sein, das nicht diskriminiert, sondern aufwertet", erklärt der Kommunikationswissenschaftler Jo Reichertz, dessen

Schwerpunkt unter anderem die Religionssoziologie ist. Das ist eine wissenschaftlich-ideologische Wurzel der öffentlichen und kirchlichen Sprache, wie wir sie heute kennen.

Geht man noch weiter in die Tiefe, dann ist die heute dominierende Sprache in der Öffentlichkeit und in der Kirche zudem geprägt von der Schule der Kommunikationswissenschaftler Gregory Bateson und Paul Watzlawick aus Palo Alto. Deren Theorie ist, dass besondere Formen des Kommunizierens krank machen können. Laut dieser Theorie gibt es in der öffentlichen Kommunikation ein unehrliches Sprechen mit doppeltem Boden *(double bind)*. Von diesem ist auch die kirchliche Sprache geprägt.

In dieser Theorie – sowie in Marshall Rosenbergs Theorie der gewaltfreien Kommunikation – wird das Sprechen genutzt, um Beziehungen besser zu gestalten und Ziele friedlicher zu erreichen, denn Sprechen bedeutet ja, wie gesagt, immer auch Handeln. Wenn also verhindert werden soll, dass Sprechen Gewalt ausübt, muss man das Sprechen systematisch reflektieren und gezielt so umgestalten, dass es nicht mehr schaden kann. Die Folge für die öffentliche und kirchliche Sprache ist die Forderung, dass sie auch mit den Benachteiligten „auf Augenhöhe" kommunizieren will – und die Ziele der Kirche sollen natürlich nur durch die Sprache und gewaltfrei erreicht werden.

In diesem Umfeld hat sich langsam die heutige kirchliche Sprache entwickelt. Denn den größten Teil dieser Theorie haben die Kirchen, bewusst oder unbewusst, übernommen und ihr Sprechen, also ihre interne und externe Kommunikation, geändert. Diese Kommunikationsmuster – vor allem auf protestantischer Seite zusätzlich geprägt durch Friedemann Schultz von Thuns „Unternehmenskommunikation" – sind seit den Sechziger- bis zu den Achtzigerjahren in die kirchliche Sprache eingewandert und bestimmen in ihr zu weiten Teilen den Diskurs und das Sprechen.

So ist spätestens in den späten Siebziger-, frühen Achtzigerjahren vor diesem Hintergrund eine Sprache der Empathie im allgemeinen Sprachgebrauch und in der Kirchensprache dominant geworden. Das ist deshalb recht erstaunlich, weil die Sprache der Achtundsechziger im Gegensatz dazu noch eine ganz andere war, zum Teil sehr hart, brutal und schroff – und man kann gerade für die kirchliche Sprache überlegen, ob sie nicht auch deshalb so weich und empathisch ist, um sich von dieser Schroffheit abzugrenzen.

Es gab übrigens auch Achtundsechziger in der Kirche, die hier den gleichen harten Umgangston pflegten, wie Petra Bahr erzählt: „Diese 68er sagen mir heute: Wir waren so brutal unbarmherzig." Bahr berichtet von einer Kollegin, die 1968 eine autonome Evangelische Studentinnengemeinde gegründet hat. „Die Vereinbarung unter den Frauen dieser Gruppe im Gespräch war: Bis eine heult, sagen wir uns die Wahrheit."

Das aber war die Ausnahme. Prägender wurde in den folgenden Jahrzehnten für die kirchliche Sprache unter anderem die evangelische Theologin Dorothee Sölle (1929–2003), die bis heute Generationen von Theologinnen und Theologen fasziniert. Einfluss auf die kirchliche Sprache hatte lange Zeit auch Heinz Zahrnt (1915–2003). Er galt einer größeren Öffentlichkeit über viele Jahrzehnte als einer der einflussreichsten evangelischen Theologen und Publizisten.

Der konservative Publizist Jan Fleischhauer, lange Zeit Kolumnist bei *Spiegel Online*, jetzt beim *Focus*, macht das lebensgeschichtlich anschaulich. Er war einst stark engagiert in der evangelischen Kirche: „Es gab in den Siebzigern in linken bundesdeutschen Kreisen eine sehr harte Sprache – auch aus Bewunderung für die RAF: ‚Gefangene werden nicht gemacht. Ab heute wird zurückgeschossen' Das hatte Kraft. Ich habe das Zitat, ‚Ab heute werden wir Menschen sein – oder die Welt wird untergehen bei unserem Versuch, es zu werden.' nachts mit schwarzer Farbe an die Schultür gesprüht, voller Angst vor dem Hund des Hausmeisters." Zusammen mit Freunden habe er mit pochendem Herzen den Kampf in die Metropolen tragen wollen. Seine

Freizeit habe er viel im kirchlichen Umfeld verbracht: „Jugendgottesdienst, Teestube (allein das Wort schon!), Brot für die Welt und Amnesty International." Da sei der protestantische Duktus schon da gewesen, aber: „Diese Sprache war viel weicher. So weich wie Taizé. Die Grenze zum Kitsch war fließend: Mit dem Herzen denken und mit dem Kopf fühlen, wie uns Konstantin Wecker zurief." Hinzu kam die damalige Stärke der linken politischen Ideen und ihrer Sprache. „In der kirchlichen Sprache spiegelt sich, was bestimmend ist für alle linken Bewegungen: die Untergangsangst, das Apokalyptische. Der Ausblick auf einen Jüngsten Tag, auf ein Weltende – damit kann ich als religiöser Mensch etwas anfangen."

Kaum zu überschätzen für die kirchliche Sprache waren auch die „neuen sozialen Bewegungen", die mit der Kirche – etwa bei der Friedens-, Umwelt- und „Dritte Welt"-Bewegung – eng verbunden waren. In den neuen sozialen Bewegungen wurde die empathische Sprache sehr gepflegt. Respekt wurde in dieser Zeit Ende der Siebziger-, Anfang der Achtzigerjahre im Umgang miteinander (wieder) ein hoher Wert. Die Sprache der Gesellschaft wurde anders. Und das hat auch die kirchliche Sprache geprägt: Die strenge, harte Sprache Luthers wurde zurückgenommen, angefangen vielleicht bei den neuen Kirchenliedern in den Sechziger- und Siebzigerjahren. „An ihnen sieht man, wie die Härte der lutherischen Choräle weichgespült wird. Das vermischt sich mit der Sprache des Kirchenalltags und des Kirchentags", so Paul Nolte.

Es war kein Zufall, dass die Kirche etwa bei der Anti-Atomkraft-Bewegung so eine große Rolle gespielt hat. Pfarrerinnen und Pfarrer saßen oder standen da oft in der ersten Reihe. „Sie waren die Experten für das Endzeitliche", meint Fleischhauer, der Kontinuitäten bis heute sieht: „Das erleben wir derzeit wieder: Apokalypse reloaded. Ein nicht unerheblicher Teil der Deutschen glaubt zurzeit wieder, dass wir einem Jüngsten Tag näher treten." Auf den Kirchentagen spiele das eine riesige Rolle, denn die seien ja auch so etwas wie „ein grüner Parteitag mit Anfassen": „In der

Jenseitserwartung finden Fridays for Future und Protestantismus zusammen." Mitte Oktober 2019 veröffentlichte der Nürnberger Pfarrer Thomas Zeitler auf der Homepage des evangelischen Monatsmagazins *zeitzeichen* einen Text, der erläutert, warum er die Bewegung „Extinction Rebellion" unterstützt.

Eine Quelle der heutigen kirchlichen Sprache waren zudem die intellektuell geprägten evangelischen Pfarrhäuser und die sich spätestens in den Siebzigerjahren politisierenden Gremien der evangelischen Jugend. Denkbar auch, dass diese Sprache in manchen Milieus innerhalb der Kirche schon vorher aufgetreten ist, etwa bei Unterstützer-Gruppen des „Politischen Nachtgebets", für die die schon genannte Theologin Dorothee Sölle exemplarisch steht. Anfang der Achtzigerjahre jedenfalls war die Zeit dann reif. Die Stimmung dieser Jahre fasst der damalige Song „Das weiche Wasser bricht den Stein" gut zusammen. Es war zwar ursprünglich kein Kirchenlied, aber es wurde auf den Kirchentagen Anfang der Achtzigerjahre, die von der Auseinandersetzung um die NATO-Nachrüstung geprägt waren, rauf und runter gesungen.

Überhaupt hat die Kirchentagssprache stark auf die kirchliche Sprache gewirkt, einerseits durch Verlautbarungen, Protokolle und Kundgebungen, andererseits auch durch die ungezählten Texte, mit denen sich Initiativen auf dem „Markt der Möglichkeiten" auf den Kirchentagen vorgestellt haben. Dazu ist ein knapper Ausflug in die Geschichte der Kirchentage, die in dieser Form weltweit einzigartig sind, nötig: Ausgangspunkt war die große Krise, die diese großen Protestanten-Treffen (bei Katholiken heißen sie Katholikentage) Anfang der Siebzigerjahre durchliefen, vor allem der Einbruch der Teilnehmerzahlen. Beim Düsseldorfer Kirchentag 1973 wurden gerade einmal 7.000 Teilnehmerinnen und Teilnehmer gezählt. Da kamen die Organisatoren des Kirchentags auf die Idee, alle die aufzubieten, die irgendetwas im Raum der Kirche tun, auch zivilgesellschaftlich Engagierte außerhalb der Kirche waren eingeladen, sich und ihr Engagement vorzustellen.

Nachdem schon Mitte der Siebzigerjahre der „Markt der Möglichkeiten“ eingeführt worden war, wurde das Innere der Kirche nach außen gekehrt – das innerkirchliche Leben und damit auch ihre Sprache wurden stärker in der Öffentlichkeit präsentiert. So wurde der Kirchentag zu einer Art Protestantismus-Messe – mit Ausstrahlung in Milieus, die vorher nicht sehr viel mit ihm zu tun hatten. So ist beispielsweise die *taz – die tageszeitung* seit Jahren auf den Kirchentagen mit einem Stand präsent und erfreut sich hoher Beliebtheit, nicht wenige neue *taz*-Abos werden dort auch abgeschlossen.

Gerade der Kirchentag in Nürnberg 1979 war das Musterbeispiel für diesen Wandel und ein Initialpunkt für viele Veränderungen, etwa beim geistlichen Liedgut, aber eben auch in der Selbstdarstellung des Protestantismus – bis in die Kapillargefäße der Mittelschicht hinein. Auf dem Nürnberger Kirchentag präsentierte sich der Protestantismus als plural untereinander, aber auch gegenüber der Gesellschaft.

Die neue Blüte des Kirchentags hatte Effekte aber nicht nur in die engen protestantisch-christlichen Milieus hinein, sondern auch darüber hinaus. Kirchentage wurden zum Mainstream. Der traditionelle Anspruch des Kirchentags, eine „Zeitansage“ zu geben, ist zurückgegangen, so Reiner Anselm, der seit Jahren führend an einer DFG-Forschergruppe zum Thema „Der Protestantismus in den ethischen Debatten der Bundesrepublik Deutschland 1949–1989“ beteiligt ist. Dabei ist es wenig verwunderlich, dass es immer schwerer fällt, genaue politische Aussagen des Kirchentages zu erkennen – dafür wirkt er in viel mehr Schichten hinein, auch in die, die nicht oder kaum mehr christlich sind.

Dieser Wandel der Kirchentage – und später auch der Kirche – lief insgesamt recht gesittet ab. Aber manchmal vollzog sich der Transformationsprozess nicht ohne Verletzungen. Die Geschichte des früheren Verteidigungsministers Hans Apel (SPD) ist dafür ein deutliches Zeichen. Er wurde auf dem Hamburger Kirchentag 1981, als die Nachrüstungsdebatte dort heftig geführt wurde, auf einem Podium mit Tomaten beworfen, ein traumatisches Erlebnis für ihn. Apel (1932–2011) war ein frommer Christ, der auch mit der neuen kirchlichen Sprache haderte. Im Jahr 2003 veröffentlichte er das Buch „Volkskirche ohne Volk. Der Niedergang der Landeskirchen“, in dem er seiner Kirche vorwarf, dem modernen Zeitgeist zu sehr verfallen zu sein. Gerade für die älteren Protestanten – etwa Hans Apel – sei die ältere kirchliche Sprache lutherischer Prägung „eine Art von Beheimatung“ gewesen, erklärt Reiner Anselm, aber „irgendwann ließ sich die Mehrheit der evangelischen Christen so nicht mehr ansprechen“.

Von nicht zu unterschätzender Bedeutung für das kirchliche Milieu und die kirchliche Sprache war in dieser Zeit auch eine bestimmte politische Partei, die gerade auf Kirchentagen nach und nach in den kirchlichen Mainstream integriert wurde: die Partei „Die Grünen“. Die ökologische Bewegung und mit ihr die Grünen wurden ab Ende der Siebzigerjahre sukzessive und am Ende ohne große Widerstände an das kirchliche Herz vor allem evangelischer Prägung gedrückt. Die Grünen beeinflussten die Kirche und die Kirche die Grünen – inhaltlich wie sprachlich.

Die Öko-Partei gewann ab Anfang der Achtzigerjahre gerade im protestantischen Milieu – und bis heute – immer mehr Einfluss sowohl an der Basis wie an der Spitze der Kirche. Und das ist auch logisch. Denn die Grünen hatten sich nicht selten aus dem kirchlichen Milieu ausgegründet. Anfangs gab es unter ihnen relativ viele Theologinnen und Theologen, eine mehr oder weniger christliche Sozialisation konnten viele Grüne aufweisen. Dabei waren die südwestdeutschen Grünen tendenziell eher wertkonservativ (und kirchennah), während die norddeutschen eher linke Traditionen hatten. Aber sie trafen sich in der Regel in ihrer Sensibilität für die Sprache. Prägend war da das sprachkompetente Bildungsbürgertum, aus dem bis heute viele Grüne kommen.

Auch die US-amerikanische Bürgerrechtsbewegung war stark christlich-protestantisch beeinflusst und zugleich eine Quelle der grünen Bewegung der ersten Stunde. „Dieser Gestus des ‚We shall overcome‘, des zivilen Ungehorsams und der Gewaltfreiheit (‚Wir halten die andere Wange hin und können nicht anders‘) – das sind ältere Wurzeln dieser christlichen Widerstandstradition“, erläutert der Historiker Paul Nolte. Vieles dieser tendenziell pazifistischen Sprache wurde, etwa durch Petra Kelly, aus den USA importiert. Es gibt auch eine sprachliche Traditionslinie der christlich geprägten Grünen von Petra Kelly über Christa Nickels und Antje Vollmer bis Katrin Göring-Eckardt, die als Fraktionsvorsitzende der Grünen noch heute eine führende Rolle in der Partei spielt.

Es ist schließlich sehr wahrscheinlich, dass neben den Kirchentagen auch das Neue Geistliche Lied (das berühmteste Beispiel ist: „Danke“), das vor allem in den Sechziger- und Siebzigerjahren aufblüht, starken Einfluss auf die heutige kirchliche Sprache hatte. Die Münchener Theologin Katharina Herrmann hat eine Dissertation über das Neue Geistliche Lied – manchmal auch Sacropop genannt – geschrieben. Sie ist sich sicher, dass die Sprache des Neuen Geistlichen Liedes die kirchliche Sprache beeinflusst hat. „Denn die Texte der Lieder hatten und haben ja eine riesige Reichweite, etwa auf Kirchentagen, und das Neue Geistliche Lied war und ist ja ganz prägend für den Kirchentag.“

Das Neue Geistliche Lied geht bis heute vielen Gläubigen auf den Geist, gerade weil es so eingängig ist, und das ist beabsichtigt. Denn die singenden Christinnen und Christen sollen das Lied ja möglichst schnell im Kopf haben und die Idee des Neuen Geistlichen Liedes weiter tragen. Ein Durchbruch für die Reichweite dieser neuen kirchlichen Sprache war die sukzessive Aufnahme der neuen Kirchensongs ins Evangelische Gesangbuch. Die Neuen Geistlichen Lieder wurden ein Medium, um eine neue kirchliche Sprache in die Breite zu tragen und sie zu festigen.

Hinzu kommt die Bedeutung einer neuen gottesdienstlichen Sprache, die sich mit dem Neuen Geistlichen Lied zeitgleich entwickelte. Viele der Liedermacher haben am Gottesdienst in Neuer Gestalt und der Lebendigen Liturgie, beispielsweise der Liturgischen Nacht, mit gearbeitet. Die Sprache, die sie in den Liedern verwendeten, sprachen sie auch in den Gottesdiensten. All dies, neue geistliche Lieder, neue Gottesdienstformen und eine neue kirchliche Sprache wurden und werden seit Jahrzehnten bei den Abschlussgottesdiensten der Kirchentage über das Fernsehen in die Welt hinausgetragen. Das Publikum ist immens, diese Formen gelten als modern, es ist eine neue Art, über seinen Glauben zu sprechen.

Und auch wenn uns Heutigen diese Sprache manchmal seltsam oder komisch vorkommt: Dieser neue Duktus konnte für die kirchliche Sprache nur deshalb so prägend werden, weil er eine Zeit lang für bestimmte Milieus im Sinne der Kirche durchaus erfolgreich war. Die neue kirchliche Sprache hat dazu beigetragen, eine junge Generation zu gewinnen. Viele junge Leute fanden sie faszinierend. Sie ließen sich davon anstecken oder, kirchlich gesprochen, berühren. Hinzu kommt ein generationeller Effekt, auf den der katholische Theologe Michael Seewald aus Münster aufmerksam macht: „Man wird die Sprache, die man gelernt hat, nicht los. Diejenigen, die heute in der Kirche Verantwortung tragen, also im besten bischöflichen Alter sind und dadurch auch die Sprache prägen, wurden in den Siebzigerjahren groß." Auch deshalb prägt die Sprache der Siebzigerjahre noch heute die Kirchen.

Bis hierhin war viel davon die Rede, wie die politische und gesellschaftliche Entwicklung in Westdeutschland die kirchliche Sprache prägte – und umgekehrt. Gibt es da Unterschiede zur Entwicklung in der DDR und Ostdeutschland?

Ellen Ueberschär, geboren in Ost-Berlin, bejaht das, die Sprache und Ansprache in der DDR in christlichen Kreisen sei oft ganz anders gewesen: „Es gab bei vielen Protestanten in der DDR eine strenge kirchliche Sprache, fast preußisch, vor allem in den Kirchenleitungen." Außerdem: „Es gab ein existenzielles Empfinden für Christen in der DDR, es war ein Leben mit der kirchlichen Sprache und den Geschichten des Neuen Testaments, die ja geschrieben wurden genau für Leute, die wie die Christen in der DDR extrem unter Druck standen." Die alten Texte hätten für sie in der DDR eine Unmittelbarkeit gehabt. „Gerade die Sprache einer christozentrischen Theologie mit ihren Deutungen des Kreuzes und Leids sprachen mich unmittelbar an."

Im Westen habe es dagegen auch eine sehr anspruchsgeladene Sprache gegeben, denn viele der kirchlichen Mitarbeiter hätten sich weniger als Christen gefühlt, denn als Arbeitnehmer, die ihre Rechte sprachlich durchsetzen wollten, meint Ellen Ueberschär. Sie erzählt, wie sie nach der Wiedervereinigung Anfang der Neunzigerjahre durch die Westberliner Gemeinden getingelt sei – und die Worte, die sie damals ihrer Erinnerung nach am wenigsten gehört habe, seien Gott und Christus gewesen. Dafür sei die Frage brennend gewesen, wie hoch man noch die Heizung stellen dürfe. Jan Fleischhauer glaubt, dass es noch heute eine Kirchensprache im ostdeutschen und eine im westdeutschen Duktus gibt. Die Sprache der Kirchenleute aus dem Osten sei oft immer noch anders: „Das finde ich angenehmer. Denn es ist auch meist besseres Deutsch. Man fragt sich bei vielen Kirchenleuten aus dem Westen: Wo lernen die so zu reden? Das klingt nach Otto – etwa diese rhetorischen Fragen." Den Duktus könne jeder auf der Stelle imitieren, das mache ihn so satirefähig.

Am Ende dieses Kapitels über die Herkunft der kirchlichen Sprache noch ein kleiner Exkurs: Hatte womöglich auch die NS-Sprache als Gegenentwurf Einfluss auf die neue kirchliche Sprache einer neuen Generation, etwa ab den Sechzigerjahren – dass man also in Kirchenkreisen bewusst anders sprach als die Nationalsozialisten, zu denen ja gerade die NS-treuen evangelischen „Deutschen Christen" eine allzu große Nähe hatten? Das ist umstritten. Der Historiker Paul Nolte hält das für möglich: „Da ist viel NS-Kompensatorisches zu finden. In den sozialen Bewegungen der Siebzigerjahre und bei den Grünen ist sogar noch mehr als bei den Achtundsechzigern sehr viel Wiedergutmachung für den NS-Schaden. Das Weiche, Rücksichtsvolle und Empathische dieser Haltung spielt eine Rolle." In der Sprache spiegele sich das.

Andere halten dagegen. Valentin Groebner sieht weniger die Nationalsozialisten als vielmehr die Achtundsechziger oder Altachtundsechziger am Werk. Er argumentiert ein wenig boshaft: „Die Nazisprache war ab den Fünfziger Jahren gesellschaftlich unmöglich geworden.“ Diese „hart-gefühlige Sprache“,wie Groebner sie beschreibt, war bereits weitgehend verschwunden – und er verweist auf die schon genannte Prägung der neuen kirchlichen Sprache als eine Gegenreaktion auf den betont aggressiven marxistischen Jargon von Objektivität und Härte, wie er in den Siebzigerjahren von den K-Gruppen gepflegt wurde. Denn: „Beide Gruppen, Theologen wie Marxisten, kamen ja zum großen Teil von den selben Schulen, Jesuiten- und Stifts-Internaten.“ Groebner gibt ein Beispiel: „Die evangelische Pastorin Antje Vollmer war auch Mitglied einer K-Gruppe.“ Man habe in dieser Zeit problemlos mehreren dieser Gruppen angehören können, sowohl im marxistischen wie im kirchlichen Milieu. „Dabei war die Hackordnung der Kämpfe im Großraumbüro der Weltrevolution kein Spaß. Die super sanfte kirchliche Sprache war eher eine Reaktion darauf.“

So ist die weiche kirchliche Sprache wohl eher kein bewusster Gegenentwurf zu der harten NS-Sprache, eher eine Reaktion auf die schroffe Sprache der Achtundsechziger-Bewegung. Die neue kirchliche Sprache schwamm in der Flut der größeren Transformation der bundesrepublikanischen Gesellschaft, hin zum Antiautoritären, hin zu einer friedlicheren und emanzipatorischen Gesellschaft, in der das Bewusstsein wuchs, dass Sprache Gewalt auslösen kann. „Die Absetzung von den Nationalsozialisten ist eher Begründungsschmuck“, meint Reiner Anselm.

KAPITEL 5

Die Sozialpädagogisierung der kirchlichen Sprache

Der besondere Sound der kirchliche Sprache hat eine Mutter oder Schwester, die offensichtlich ist, aber sich nicht immer zu erkennen gibt: die Pädagogik. Das hat historische Gründe. Valentin Groebner bezeichnet die Pädagogik als „heimliche Leitwissenschaft" in der Bundesrepublik der Siebzigerjahre. „Pädagogen wurden damals zu fast allem gefragt – und hatten natürlich auch zu fast allem etwas zu sagen. Der pädagogische Jargon war verlockend, weil man mit ihm als übergeordnete moralische Instanz auftreten konnte."

Hier trafen sich die Pädagogen und Kirchenleute, denn ihr Ansatz war ähnlich, gerade in der beschriebenen entscheidenden Entstehungsphase der heutigen kirchlichen Sprache. Beide Wissenschaften, die Pädagogik wie die Theologie, betonten in den Siebzigerjahren, was nicht ganz unüblich ist, ihre eigene Wichtigkeit. Zugleich verband sie jedoch etwas eng: der moralische Ansatz. So übernahm die kirchliche Sprache den Duktus der Pädagogik als (heimliche) Leitwissenschaft dieser Zeit. Denn es war eine Zeit, in der man im Großen und Ganzen an die Planbarkeit sozialer Prozesse glaubte. Man hoffte, damit härtere Konflikte in der Gesellschaft zu besänftigen.

Die Kirche öffnete sich damals immer mehr, sie wollte in irgendeiner Weise niederschwellig sein, alles Elitäre der Vergangenheit beiseitelassen, und das betraf auch die Sprache. Polemisch sagt Jan Fleischhauer: „Die sozialpädagogische Sprache der Kirche ging damit einher. Überhaupt hat sich die Kirche ja immer eher links verortet. Und wenn dann mal etwas schief geht, hat man eben nicht genug Sozialarbeiter hin geschickt. Dass es das Böse geben könnte, dass manches eben nicht durch sozialstaatliche Intervention zu lösen ist, davon gibt es in der Kirche nicht einmal mehr eine Vorstellung."

In dieser Zeit, vor allem in den Siebziger- und Achtzigerjahren, ist in der Kirche das Therapeutische ganz wichtig geworden, ebenso die Psychologisierung. Doch die schwarze Seite dieser therapeutischen Sprache, so Fleischhauer, sei „die Lizenz zum Super-Egoismus": „Wenn man etwa seine Beziehung nicht mehr weiterführen will, sagt man: Tut mir leid, aber diese Beziehung belastet mich jetzt in meiner weiteren Entwicklung. Das tut mir im Augenblick nicht gut. Das eigene Befinden ist die Messlatte von allem. Ich bin mein Zentrum und Mittelpunkt. Das ist ziemlich unsozial. Das ist auch ein Problem für die Kirche und ihre Sprache."

In dieser Zeit wurde versucht, möglichst vieles auf ein gewisses Moderations- und Verständnis-Niveau zu bringen. Die Gesellschaft und mit ihr die Kirche war durch eine Pädagogisierung des öffentlichen Diskurses oder den Glauben an die Pädagogik geprägt. Typisch ist, dass man in der evangelischen Kirche etwa ab Anfang der Sechzigerjahre keine Kundgebungen mehr erließ, sondern Denkschriften. „Nach dem Motto: ‚Wir raten. Du muss Dir selbst eine Meinung bilden, am besten aus eigenem Antrieb, nicht weil wir es autoritär von Dir verlangen'", so schildert Reiner Anselm diese Entwicklung. Hinzu kam, dass man damals auch in der Kirche der Reformpädagogik sehr aufgeschlossen gegenüber stand – mit ihrem Segen und ihren Abgründen. Die Odenwaldschule etwa war tendenziell christlich, ja protestantisch gefärbt. Es ist kein Zufall, dass das damals gesellschaftlich so einflussreiche Buch „Die deutsche Bildungskatastrophe" von Georg Picht stammt, einem evangelischen Philosophen, Theologen und wichtigem Stichwortgeber in den Debatten der frühen Bundesrepublik. „Protestantische Mafia" hat der Soziologe Ralf

Dahrendorf damals etwas böse das elitäre Geflecht einflussreicher evangelischer Intellektueller in der Bundesrepublik genannt, zu dem Picht gehörte.

Eindeutig ist, dass spätestens in diesen Jahren die pädagogische Sprache in die Sprache der Kirche einsickerte. Hinzu kam ein stärker werdendes karitatives Interesse der Kirche, was sie auch personell stark veränderte. In dem Augenblick, in dem sich die Kirche immer mehr als eine sozialdiakonische Einrichtung begriff, also den Einsatz für den Mitmenschen als mindestens so wichtig verstand wie den Kult, wuchs ihr Engagement für die Mühseligen und Beladenen, allgemein für Randgruppen, seien es Arme, Behinderte oder Drogensüchtige. Damit aber drang verstärkt eine neue Professionsgruppe in den engeren Kreis der Kirche ein, eben zum Beispiel Pädagogen und Sozialpädagogen. Und mit ihnen deren Sprache. So wurde die kirchliche Sprache schleichend pädagogisiert oder sozialpädagogisiert – bis diese Sprachfärbung in ihr so mächtig wurde, dass sie sogar zu einem Distinktionsmerkmal, ja zu einer Eigensprache wurde.

Während die Kirche der Fünfzigerjahren noch von vielen charismatischen Persönlichkeiten (meist Männern) geprägt war, die mit einer missionarischen, leicht pathetischen und bildgewaltigen Sprache gerade junge Männer zu faszinieren wussten, wirkte eine solche Überwältigungsrhetorik spätestens in den Siebzigerjahren etwas veraltet, wenn nicht gar zweifelhaft angesichts der deutschen Geschichte. Und nun füllten sich die Kirchen auch nach und nach mit langhaarigen Menschen – und mit jungen Leuten, die Sozialpädagogik unheimlich spannend fanden, wenn sie nicht selbst Sozialpädagogen waren oder es werden wollten. In den Siebzigerjahren gab es in kurzer Zeit ein Viertel mehr Mitarbeiter der Kirche im pädagogischen Bereich. Die Gemeinden expandierten, gerade in dieser pädagogischen Sparte. Und die Richtung war klar: „Hinein in die Kirche der Partizipation – und raus aus der alten Sprache", wie es Ellen Ueberschär formuliert.

So kann man den sozialpädagogischen Duktus in der kirchlichen Sprache sozialgeschichtlich nachvollziehen, auch durch den Einzug der Gruppenpädagogik in die Kirchen der Siebziger- und Achtzigerjahre. Das hatte übrigens auch sprachlich große Vorteile, denn es war ein Abschied oder zumindest eine Relativierung uralter religiöser Phrasen, die kaum jemand mehr verstand, etwa: „Es hat Gott, dem Herrn, dem Allmächtigen, gefallen, unseren lieben Bruder, unsere liebe Schwester abzuberufen ..." Als eine der ersten brachte damals die Theologin Dorothee Sölle die Unangemessenheit, ja vielleicht die Verlogenheit der veralteten Sprache auf den Punkt, als sie fragte, wie könne man nach Auschwitz noch singen von dem, „der Wolken, Luft und Winden gibt Wege, Lauf und Bahn"?

Interessant ist auch, dass spätestens in den Siebzigerjahren ein gewisser militärisch-kämpferischer Klang der traditionellen kirchlichen Sprache langsam verschwand. Sie wurde oft vorgetragen von christlichen Männern der Weltkriegsgeneration, wie beispielsweise vom Theologen und einstigen NS-Widerstandskämpfer Martin Niemöller, der noch früher ein U-Boot-Kommandant und Freikorps-Bataillonsführer gewesen war. Er nutzte noch auffallend gern Wendungen wie „Gehorsam", „Auftrag" und „Gottes Befehlen". So, in dieser strengen Sprache des deutschen, eher: preußischen Protestantismus, spricht heute, Gott sei Dank, kaum jemand mehr in der Kirche. Und das ist einer der Vorteile der meist viel weicheren, oft bildreicheren und poetischeren Sprachen der Kirche heutzutage.

Ellen Ueberschär allerdings hält die Melange eines alten, frommen und dogmatisch gefärbten Duktus der Kirche mit einem sozialpädagogischen Slang für tödlich. „Wenn sich das mischt, dann ist es echt zu spät. Das macht auch das Hermetische der kirchlichen Sprache aus, weshalb die Leute aussteigen."

Auf eine andere, besondere Hürde bei der Kirchensprache macht zudem die Regionalbischöfin Petra Bahr aufmerksam, nämlich wenn die soziologische Sprache Einfluss auf die Kirchensprache erhält, weil sich Kirchenleitungen ihre Kirche immer wieder soziologisch untersuchen lassen. „Das wird dann zum Problem, wenn diese soziologischen Ausdrücke dann in die normale Kirchensprache übernommen und theologisiert werden, etwa die Begriffe ‚kirchennah' und ‚kirchenfern'. Irgendwann wird das dann zu einer Selbstbeschreibung."

Aber graben wir noch etwas tiefer: Dass Pastoren und Sozialpädagogen so ähnlich klingen, liegt auch daran, dass ihre Quellen und Motive sich in vielen Fällen so nahe sind: Beide Berufsgruppen wollen den Menschen verändern. Die Sozialpädagogen wollen einen Menschen verändern, indem sie sich möglichst nahe an ihn und seine Bedürfnisse anschmiegen. Er soll innerlich geöffnet und zu einer sozialpädagogisch sinnvollen Verhaltensweise bewegt werden. Wie bei den Sozialpädagogen geben auch die Pfarrpersonen in der Regel vor, sie leite die Sorge um den anderen, und sei es sein Seelenheil. Beide Berufsgruppen haben ein Interesse, Menschen anzusprechen und sie zu einem besseren Leben, in ihrem Sinne, zu bewegen – in der Kirche kommt auch noch der Glaube an Gott und Jesus dazu. „Es sind also beides Kommunikationsweisen, die auf Überzeugungs- und Verhaltensänderung abzielen", so Jo Reichertz. „Das Mittel der Nähe wird dabei genutzt, um sich in die Welt des anderen hineinzufädeln."

Wenn man will, kann man dahinter die Grundtechnik von NLP – des Neuro-Linguistischen Programmierens, von dem unter anderem der schon genannte Gregory Bateson ausging – erkennen. Er besteht im Wesentlichen aus drei Schritten: einem Kontakt- und Empathie-Herstellen (*rapport*), einer Anpassung an den Rhythmus des anderen *(pacing)*, schließlich das sanfte Lenken des Gegenübers in die als richtig erachtete Richtung *(leading)*. Nicht nur in der Sozialpädagogik, auch in der kirchlichen Seelsorge und Verkündigung findet man diese Strategie häufig, was die Sprache ähnlich macht.

Das klingt stark nach Manipulation – muss aber nicht so negativ gesehen werden. Michael Seewald spricht schlichter von einem „kirchlich zurecht gezimmerten Sozialpädagogen-Sprech". Natürlich bemühten sich Sozialpädagogik wie Seelsorge um Menschen. Deshalb die Ähnlichkeit. Und er vermutet einen historisch begründeten konfessionellen Unterschied zwischen der katholischen und evangelischen Kirchensprache: Die katholischen Kirche Deutschlands hat – anders als im Protestantismus – keine so breite Tradition einer predigthaften, seelsorglich-verständlichen Ansprache der Gemeinde. Deshalb habe man sich auf katholischer Seite nach dem reformorientierten Zweiten Vatikanischen Konzil (1962–1965) in den späten Sechziger- und in den Siebzigerjahren erst eine pastorale Sprache erschließen müssen. Vielleicht sei nicht zuletzt deshalb die Sozialpädagogen-Sprache mit ihren Floskeln auch im Katholizismus so stark geworden. „Diese Zeit der Konstituierung dieser Sprache war so prägend, dass die Siebzigerjahre in der kirchlichen Sprache noch nachwirken, auch wenn diese Zeit nun schon lange vorbei ist."

Die sozialpädagogische Prägung der kirchlichen Sprache liegt auch daran, dass das Soziale, vielleicht stärker noch als das Individuelle und Moralische, ein sprachlicher Steg sein kann, um die Botschaft des Evangeliums zu vermitteln und zu verstehen. So kann man im besten Fall auch Menschen erreichen, die wenig vom christlichen Glauben wissen oder ihm nicht mehr wirklich anhängen wollen, gerade wenn es dogmatisch wird. In der Katechese ist eine weiche, vieles verstehende Sprache durchaus ein altes Muster, nämlich die Gläubigen dadurch zu erziehen und durch Jesus mit seinen starken Bildern und seiner oft einfühlsamen Sprache auch Gott sprechen zu lassen. Und das hat etwas mit der theologische Entwicklung zu tun: „Gerade in den Siebziger und Achtziger Jahren ist es in politischer Hinsicht genau in diese Richtung gelaufen, dass die Theologie sich zu einer Wissenschaft entwickelt hat, die alle Menschen umfasst", sagt Bischof Overbeck aus Essen. „Sie weigert sich seitdem, in einer Sprechform zu formulieren, die nur für bestimmte Bezugsgruppen gilt." Es fand also auch dank der damals entstehenden Sozialpädagogik eine neue sprachliche Adaption des Christlichen statt – immer verbunden mit der Hoffnung, damit die Botschaft des Christentums und der Kirche besser (und moderner) vermitteln zu können.

Vielleicht an dieser Stelle noch einen Abstecher zu den Verkündigungssendungen. Vor allem in ihnen ist dieser besondere kirchliche Sound sozialpädagogischer Färbung sehr oft zu hören. Diese predigthaften Formen der Verkündigung prägen in erster Linie im Fernsehen und im Radio das Bild der christlichen Botschaft und der kirchlichen Sprache sehr stark. Und sie sind nicht nur eine Randerscheinung, immerhin gibt es sie in der Bundesrepublik Deutschland, festgezurrt vor allem in Staatsverträgen, seit Jahrzehnten. Es sind Zigtausende jedes Jahr.

Trotz dieser Masse: Bei den meisten Fachleuten sind die Verkündigungssendungen wie das besonders bekannte, ja schon fast sprichwörtliche, dabei oft leicht abfällig gemeinte „Wort zum Sonntag“ sehr unbeliebt, wenn nicht verhasst (so sich Kirchenleute dieses unschöne Gefühl überhaupt innerlich erlauben). Das liegt vor allem an der elenden und langweiligen Erwartbarkeit in den Formen der Verkündigungssendungen. Denn dass diese Sendungen eben christliche Sendungen sind, hört man in der Regel seit Jahrzehnten nicht nur am Inhalt, sondern auch am Ton.

Der Leipziger Homiletiker Alexander Deeg spießt dabei vor allem eine fast schon zur Karikatur gewordene Eigenheit vieler Verkündigungssendungen auf, den lebensweltlichen Einstieg: „Gute Literaten erzählen nicht vom Leben, um ein Beispiel zu geben für das Eigentliche, sondern: Das Leben ist eigentlich“, sagt Deeg. So werde beispielsweise „Neulich traf ich einen Freund ...“ als Einstieg gewählt, „aber es ist von Anfang an klar, dass es am Ende nicht um den Freund geht, sondern um Jesus. Und das macht diese Sendungen häufig so schwer erträglich.“

Natürlich haben die Geschichten der Bibel fast immer einen Gottesbezug, aber sie stehen auch für sich – sonst hätten sie wohl kaum die Jahrtausende überlebt und unzählige Menschen, gläubig oder ungläubig, beeinflusst. Es braucht also nicht grundsätzlich eine (Pseudo-)Pädagogisierung der kirchlichen Sprache; die Wörter, Bilder und Geschichten tragen sich zum großen Teil selbst. Wenn dem nicht vertraut wird, ist häufig dahinter eine gewisse Ängstlichkeit der kirchlichen Rede zu beobachten – als würden die Menschen bei den Verkündigungssendungen sofort das Radio oder den Fernseher abschalten, sobald man das Wort „Gott“ oder „Jesus“ in den Mund nimmt. Und natürlich ist eine solche Zurückhaltung seltsam, wenn es um die Verkündigung in der Kirche selbst geht: Wer den Weg in sie findet, sollte mit „Gott“ oder „Jesus“ belästigt werden, denn genau das wird dort ja erwartet, zurecht.

Die erfahrene Radiojournalistin und Publizistin Christiane Florin vom *Deutschlandfunk* hat viel Erfahrung mit Verkündigungssendungen. Sie sagt: „Der Gesamteindruck: Man hört etwas und weiß, das ist Kirche.“ Allerdings gilt das eher im negativen Sinne, denn Kirche sei hier nicht das ganz andere, man höre nichts Unerhörtes. Es gehe mehr um Lebenshilfe, man thematisiere auch praktisch nie, was Konfessionen trenne, und: „Es muss immer gut ausgehen. Das Blümchen am Wegesrand. Das blüht auch ökumenisch.“

Es herrscht bei den Verkündigungssendungen zudem Angst anzuecken, meint Christiane Florin. Wut sei kaum zu hören. Zwar gebe es auch gute Radioprediger, manchen gelinge es, schon früh um 6.30 Uhr selbst die nichtreligiösen, vor allem politisch interessierten *Deutschlandfunk*-Hörerinnen und -Hörer zu packen. Wo aber Angst vor dem Bischof oder der Superintendentin herrsche, klappe das nicht. Und mit wunderbarer Ironie erzählt die Publizistin und Radioredakteurin, dass sie sich tatsächlich einmal die Mühe gemacht habe, die Verkündigungssendungen mit der Stoppuhr zu messen: „Bei den Protestanten kommt die Jesus-Kurve im Schnitt 30 Sekunden bis eine Minute früher. Der Katholizismus ist da, wie immer, doch etwas später dran. Aber die Kurve kommt, sie kommt unerbittlich.“

KAPITEL 6

Die Unterschiede zwischen der evangelischen und katholischen Kirchensprache

Die Frage liegt nicht unbedingt auf der Hand – und doch drängt sie sich bei näherer Beschäftigung mit unserem Thema auf: Gibt es eigentlich Unterschiede zwischen der kirchlichen Sprache im evangelischen und im katholischen Raum? Die These dieses Buches ist: Ja, es gibt sie, und sie sind nicht unerheblich. Denn sie haben mit den Eigenheiten der beiden Konfessionen zu tun.

Dazu muss man ein wenig ausholen. Valentin Groebner tut dies – und als Lackmustest dient ihm der unterschiedliche Gebrauch von Witz und Ironie bei den Konfessionen: „Für die Reformation war, als Vorgeschichte, die Predigt in der Volkssprache durch die Bettelorden der Dominikaner und Franziskaner sehr wichtig: der *sermo humilis*, ein Predigtstil, der bewusst volkstümlich, witzig und unterhaltend war." Es war, so Groebner, „Moral als Unterhaltung". Dagegen hätten sich ab 1517 die Reformatoren gewandt, mit dem Anspruch: „Wir machen keine guten Witze mehr, sondern wir sprechen die Wahrheit." Gleichwohl sei die Reformation zum größten Teil von gut ausgebildeten, sich neu erfindenden Bettelordenstheologen vorangetrieben worden. Sie behaupteten, mit der Stimme des gemeinen Mannes zu sprechen. Gemäß dem berühmten Spruch Luthers, man solle dem Volk aufs Maul schauen – und darin war er ja auch meisterhaft.

Jedenfalls hatte das, folgt man Groebner, mehrere Konsequenzen auch für den Tonfall der kirchlichen Rede: „Volkstümlich als Elite zu sein, ging nur noch, wenn man vorgab, für alle zu sprechen, oder zumindest für alle weißen Mittelschichts-Männer."

Das ging „mit dem moralischen Wir-Diskurs“ am besten: „Man konnte zwar scharf ironisch sein, aber nur über die moralischen Verfehlungen der Gegner. Nur diese Ironie war erlaubt.“ Das war der Beginn der konfessionellen Aufteilung auch in der Sprache der Kirche: „Allerdings ist diese scharfe Ironie in die Kontroverstheologie ausgewandert, und die war spätestens mit dem Kulturkampf erledigt, weil es den Gegner in der alten Form nicht mehr gab.“

Man muss dieser Interpretation des Mittelalter-Historikers Groebner nicht folgen, aber dass die kirchliche Sprache protestantischer Prägung häufig immer noch etwas nüchterner daher kommt, ist augenfällig. Das könnte historisch damit zu tun haben, dass man als kleinere religiöse Gruppe der subversiven Kraft des Humors und der Ironie innerhalb der eigenen Gruppe misstraute, da man ja die Wahrhaftigkeit der neuen, eigenen Botschaft als unetablierte und anfangs ungeschützte Gemeinschaft zu betonen gezwungen war. Die katholische Weltkirche war dagegen qua Masse weniger gefährdet, auch nicht durch die Widersprüche zwischen den hohen Moralanforderungen und der meist pragmatischen Lebensweise im Alltag. Dafür gibt es in ihr viele Widersprüche, Lügen oder Verdrängungen, die Humor, Witz und Ironie in der katholischen Welt geradezu herausfordern. Es dürfte kein Zufall sein, dass katholische Pfarrerwitze weitaus häufiger sind als evangelische.

Die unterschiedliche Färbung der katholischen und evangelischen Kirchensprache hat aber noch tiefere Gründe. Im katholischen Raum gibt es bis heute sehr viel stärker den Glauben an eine magische Kraft der Sprache. Das heißt, das Aussprechen bestimmter sprachlicher Formeln kann Dinge verändern. Ein Beispiel ist die Absolutionsformel bei der Beichte: „Ego te absolvo.“ – „Ich spreche dich los (von deinen Sünden).“ Es sind Worthandlungen. Durch das Aussprechen von Wörtern verändert sich demnach Wirklichkeit.

Mit diesem Glauben wollte der große Reformator im Unterschied zur katholischen Kirche nichts mehr zu tun haben. Luther hat mit dem magischen Sprachgebrauch weitgehend gebrochen. Er hatte vielmehr als zentrale Forderung an alle Christenmenschen, sich mit dem Text der Bibel selbst auseinanderzusetzen und ihn zu verstehen. Es ist naheliegend, dass für den großen Bibelübersetzer, ja Mitgründer der deutschen Sprache die Sprache sowie das Sprechen und Lesen im Vollzug des Glaubens eine viel größere Bedeutung hatte, und das gilt für den Protestantismus bis heute. Das alles kann man als einen rationaleren oder rationalistischeren Gebrauch der Sprache bezeichnen. Tendenziell geht es bei einer solchen Reflexion der Sprache und des Sprechens um Erkenntnis. Oft geht es sicherlich auch um die Moral, der man genügen solle – aber selten oder nie geht es im protestantischen Verständnis um eine irgendwie geartete Magie der Sprache.

Natürlich ist beiden Konfessionen gemein, dass ihnen ihre Sprache beziehungsweise das Sprechen im Glaubensalltag wesentlich ist. Aber es gibt da eine konfessionelle Färbung: Während den Katholiken eine spezifische Form des Sprechens zugleich eine Bewegung in der Religion und dem (Er-)Leben in ihr bedeutet, geht das beim Protestantismus meist nicht so weit. Für Protestanten ist das religiöse Sprechen eher eine Auseinandersetzung und eine Verständigung über ihre Religion oder ihren Glauben.

Übrigens ist der Glaube an die Macht des Visuellen, an das Zeigen des Glaubens und an die demonstrative Kraft der Bilder sowie die stärkere Betonung des Nonverbalen in der katholischen Kirche, zumindest in ihrer Tradition und bis heute in ihrer Liturgie, nicht nur von Vorteil. Denn auch Bilder sind mehrdeutig. Auch sie erfordern zum vollen Verständnis das Wissen über ihre Ausdeutungsgeschichte. Und generell gilt: „Auch die katholische Kirche neigt dazu, nicht das auszusprechen, was sie meint, sondern es sprachlich so zu verpacken, dass es besser ankommt", meint Jo Reichertz.

Der Publizist und Autor Jan Fleischhauer beschreibt die sanfte kirchliche Sprache eher als eine evangelische Erscheinung, „ein eigener protestantischer Zweig", wie er sagt. Heute schließe die katholische Kirche an diese weiche protestantische Sprache an. Gefärbt sei sie von großer Innerlichkeit. „Dorothee Sölle war prägend. Diese Sprache ist auch Ausdruck der Feminisierung der Kirche. Deshalb hat die katholische Kirche dem noch länger widerstanden."

Die These von der Feminisierung der evangelischen Kirche hatte schon vor Jahren der evangelische Theologe Friedrich Wilhelm Graf vertreten. Polemisch sprach er davon, es gebe einen sich ausbreitenden „Muttisprech" in der Kirche. „Das ist ein Rückzugsgefecht", hält Christiane Florin dagegen. Da werde nach Schuldigen gesucht für den Rückzug, unter der beide Volkskirchen litten. Sie könne keinen Unterschied in der kirchlichen Sprache von Frauen und Männern erkennen. Graf fehle für diese These auch eine empirische Basis, sagt die Kölner Publizistin, die sich vor allem mit dem Buch „Der Weiberaufstand" seit Jahren vehement und hartnäckig für mehr Rechte der Frauen in der katholischen Kirche einsetzt.

Die öffentlichen kirchlichen Sprachen beider Konfessionen versuchen, die weichen Botschaften des Evangeliums und des kirchlichen Lebens zu verbreiten. Sie neigen dabei dazu, die Botschaften Jesu so zu verkünden, dass sie nicht sofort Widerstände erzeugen, was bei manchen harten Aussagen des Heilands nicht immer ganz einfach ist – etwa wenn er verkündet, dass er nicht gekommen sei, den Frieden zu bringen, sondern das Schwert, wie immer das dann zu interpretieren ist (vgl. Matthäus 10,34). Die Kirchen haben also qua Amt immer auch in ihrer Sprache harte Formulierungen, die Widerständiges oder Unangenehmes ausdrücken, so sie der Botschaft Jesu treu bleiben.

Deshalb steht die kirchliche Sprache beider Konfessionen stets vor einem Dilemma, wie Bischof Overbeck es beschreibt: „Es gibt dogmatische und kirchenrechtlich verbindliche und zugleich moralisch und ethisch bedeutende Formulierungen, die die Eindeutigkeit der Botschaft klar machen sollen." Diese treffen aber nach der Erfahrung des Oberhirten auf Menschen, „die nicht so sehr Wert legen auf die Erkenntnislogik dieser Formulierungen, sondern vielmehr fragen: Wie passt das mit meinen Lebenserfahrungen und meinen Bedürfnissen nach Religiosität, vielleicht mit denen eines christlichen Lebens und der der Kirche zusammen?" Diese Diskrepanz drücke sich sprachlich dann in der Spannung zwischen „weich, menschlich nahe" und zugleich „begrifflich klar" aus.

Diese Spannung ist in beiden Konfessionen erst einmal ähnlich. Dann aber greifen Unterschiede zwischen den Konfessionen bei ihrer kirchlichen Sprache, weil sie im Selbstverständnis und Tradition der beiden Konfessionen gründen. Die katholische Predigt ist von ihrer Tradition her eher volkskirchlich. Wenn ein literarisches Beispiel genommen oder die Bibel zitiert wird, dann eher paraphrasierend. Auf der evangelischen Seite wird dagegen eher eine biblisch-pointierte Sprache genutzt.

Als Weltkirche muss sich die katholische Kirche in vielen Sprachen ausdrücken, das gehört zu ihrer DNA. Die evangelische Kirche ist dagegen durch ihre Tradition stärker von der deutschen Sprache geprägt worden. Die katholische Kirche kann, wie bereits gesehen, noch stärker als die evangelische statt Worte Zeichen, oder besser: Sakramente sprechen lassen, es ist eine sakramentale Vermittlung des Heils und der Botschaft Jesu, die auf katholischer Seite eine viel größere, ja jahrhundertealte Tradition hat – das Wort war dagegen lange zweitrangig. Es kommt auf der katholischen Seite stärker in Form von Gebeten und Gesängen vor – und natürlich dann, wenn das Wort Gottes durch Lehre, Autorität und Tradition der Kirche gespiegelt wird. Auch wenn sich diese beiden grundsätzlichen Linien seit dem Zweiten Vatikanischen Konzil etwas annähern, bleibt es bis heute dabei, dass die Wortverkündigung auf katholischer Seite eine geringere Bedeutung hat als auf evangelischer Seite.

Andererseits achten gerade viele höherstehende Kirchenleute auf katholischer Seite manchmal sehr genau darauf, welche Wörter sie benutzen, denn grundsätzlich sollen ihre Aussagen ja kompatibel sein mit den Aussagen des Lehramts. Deshalb gibt es bei der katholischen kirchlichen Sprache tendenziell eine größere Vorsicht vor Neologismen, denn grundsätzlich soll das, was gesagt wird, zu dem passen, was immer gesagt wurde, etwa in Rom. Insofern hat die katholische Sprache immer auch ein traditionelles Element. Reiner Anselm sagt: „Da sind wir Protestanten anders, da wir ein viel stärkeres Authentizitätsparadigma haben: ‚Ich muss es aussagen können.' Während Katholiken eher hinter die Form zurückgehen können." In vielen Momenten können sich die katholischen Geistlichen leichter hinter eine geformte, uralte Sprache zurückziehen, was nicht unbedingt von Nachteil sein muss, denn wer findet schon schnell starke eigene Worte.

Der katholische Dogmatiker Michael Seewald erläutert, dass es auf der katholischen Seite parallel zu ihrer weichen pastoralen Sprache auch eine sehr harte Sprache gibt, die dort gepflegt werde, wo das römische Lehramt spricht. „Da sind viele entsetzt, die die Kirche nur mit Floskeln wie ‚Ich lade Sie ein' oder ‚In aller Freiheit' kennen, aber dann vom römischen Lehramt schroffe, harte, zurechtweisende Stellungnahmen zu hören bekommen." Gerade für eher liberale katholische Kirchen wie die in Deutschland ist das ein Problem: „Es gibt in der katholischen Kirche in Deutschland mit ihrem Sondersprech zugleich römische Interventionen in die deutsche Sprachwelt."

Der Hintergrund: Die Sprache der römischen Kurie ist vom Lateinischen geprägt, man findet dort viele metaphysische, ontologisierende Begrifflichkeiten. „Während wir im Deutschen beispielsweise Probleme haben, von der Natur oder Substanz des Menschen zu sprechen, ist diese Wendung in der römischen Naturrechtsethik mit ‚natura humana' ganz gegenwärtig." Die Folge ist, dass die römische Sprache oft wenig Empathie für Fragen zeigt, bei denen die Kirche in Deutschland sehr sensibel reagiert.

Seewald gibt ein eher tragisch-komisches Beispiel für diese sprachliche und theologische Schroffheit aus Rom: „Römische Dokumente haben kein Problem damit, Frauen als ‚materia inconsecrabilis‘ zu bezeichnen – im Deutschen stellen sich bei einer wörtlichen Übersetzung alle Haare zu Berge, wenn von Menschen als ‚Materie‘ gesprochen wird, und dann noch von einer defekten, weil ‚nicht weihbaren‘ Materie.“ Das klinge in unserem Sprachgebrauch ganz fürchterlich. „Hinzu kommt: Es ist einfach nur frauenfeindlich.“ Katholiken lebten also, so Seewald, „in diesen beiden Sprachwelten, dem ‚Jargon der Eigentlichkeit‘, den sie sich zurechtgezimmert haben, und im ‚Jargon der metaphysischen Brutalität‘, der in bestimmten Abständen aus Rom auf sie eindrischt“.

Das ist ein Problem oder eine Schwäche der katholischen kirchlichen Sprache. Viele katholische Theologinnen und Theologen loben dagegen neidlos die Stärke und Sprachkraft der traditionellen protestantischen kirchlichen Sprache in der Nachfolge Luthers. Der Protestantismus hat im Vergleich mit dem Katholizismus eine reichhaltigere Tradition der Arbeit mit der deutschen Sprache. Manche meinen, der Protestantismus sei bis heute im Deutschen rhetorisch mächtiger. Ein Beispiel: „Es macht viel mehr Spaß, die Lutherübersetzung zu lesen, selbst die neue“, meint Michael Seewald. „Die katholische Einheitsübersetzung ist ziemlich langweilig, die Lutherbibel ist ein sprachliches Kunstwerk.“

Am Ende hat das wahrscheinlich mit der Sprachmacht des Reformators zu tun – und mit heutigen Defiziten: Luther beherrschte das ganze Spektrum einer reichen Sprache der Verkündigung, so erscheint es noch heute: Er konnte theologisch feinsinnig sein – und extrem derb. Luther konnte Leute beleidigen – und so sprechen, dass es den Leuten zu Herzen ging. Der Reformator verfügte über eine sprachliche Bandbreite, die heute (und wohl auch damals) nur wenige Menschen haben. Insofern haben es protestantische Pfarrpersonen etwas schwerer als ihre katholischen Brüder: Katholische Prediger müssen rhetorisch nicht gegen ein sprachliches Jahrtausend-Talent anpredigen, um es etwas überspitzt zu sagen.

Die kirchliche Sprache ist, einerlei ob katholisch oder evangelisch geprägt, rein ästhetisch gesehen eher selten eine schöne Sprache – vielleicht gerade deshalb sprechen Kirchenleute beider Konfessionen so gern über die Sprache. Es gibt ein großes Interesse an mehr Ästhetik etwa in der Predigtsprache. Aber es geht bei der Unterscheidung zwischen der protestantischen und katholischen Kirchensprache nicht nur um Ästhetik. Vielmehr sind diese Unterschiede auch Ausdruck eines jeweils anderen Verständnisses von Kirche. „In der katholischen Kirche ist eine Brutalität vorhanden, die durch eine softe Sprache verdeckt wird", sagt Michael Seewald. „Sie weckt bei den Leuten die Erwartung, dass die katholische Kirche weich sei, was sie nicht ist. Die Leute, die in Rom das Sagen haben, eine Art römische Prälatenoligarchie, pflegen eine brutale, neuscholastische, juridische Sprache." Wann immer die mal zu Bewusstsein komme, seien alle wie vor den Kopf gestoßen. „Das leistet einer gewissen unehrlichen Erwartungshaltung Vorschub."

Auf katholischer Seite spiegeln sich in der Sprache auch gegenwärtige Konflikte, die es in ihr schon lange gibt. Es sind zwei Kirchenbilder, die auf katholischer Seite seit Jahren in einem heftigen Streit ineinander verkeilt sind, was etwa bei dem Thema Eucharistie oder Abendmahl zu beobachten ist. Einerseits gibt sich die katholische Kirche als eine einladende Kirche, die betont, dieses Mahl sei für die Mühlseligen und Beladenen, der paradiesische Gemeinschaftscharakter der Eucharistie wird betont. Andererseits gibt es Vorschriften, die die Teilnahme an der Eucharistie sehr beschränken – wer als katholischer Priester dagegen verstößt, wird selbst bei, oder besser: nach einem Ökumenischen Kirchentag noch kirchenrechtlich streng bestraft, trotz aller weichen kirchlichen Rhetorik.

Christiane Florin analysiert, dass Probleme, die in der katholischen Kirche auf den Tisch gehörten, durch die katholische Kirchensprache vertuscht würden. So spreche sie als Journalistin ausdrücklich von Diskriminierung von Frauen in der katholischen

Kirche. Ihr werde dann gelegentlich von katholischen Kirchenoberen entgegengehalten, dass das Wort zu hart sei, es passe besser „gleichwertig, aber nicht gleichartig“. Das aber sei „Wischi-Waschi-Getue“: „Ich bin dafür, so etwas klar zu benennen.“

Wenn der frühere Papst Joseph Ratzinger erkläre, so Florin, der Fehler unserer Zeit sei, dass alles nur noch in der Kategorie der Diskriminierung oder Nicht-Diskriminierung beurteilt werde, dann sei das „Rumgeschwiemel“. Insofern finde sie die Bezeichnung von Frauen als *materia inconsecrabilis* gut. „Denn da ist die Ehrlichkeit ja drin.“ Man drücke es zwar in Latein aus, weil man glaube, die meisten könnten es eh nicht richtig übersetzen – aber Frauen als unweihbare Materie, das habe ihr bei der ganzen Auseinandersetzung zum „Weiberaufstand“ noch niemand ins Gesicht zu sagen gewagt. Zugleich gibt Christiane Florin mit einem Augenzwinkern zu, dass sie in der Auseinandersetzung mit mancher reaktionären theologischen Argumentation gelegentlich einer „gewissen Ekelfaszination“ erliege.

Schließlich gibt es in der katholischen Kirche, viel stärker als in der evangelischen, ab und zu eine Art „babylonische Sprachverwirrung“, wie Michael Seewald das nennt. Der katholische Professor sagt es nicht so, aber man könnte das auch auf gut Deutsch als ein gegenseitiges Belügen innerhalb der katholischen Kirche beschreiben: „Es gibt Sprachspiele, die von wechselseitiger Unehrlichkeit leben. Man versteht, was der andere meint, tut aber so, als ob man es nicht verstünde, und bestärkt dadurch den anderen.“

Was heißt das konkret? Seewald nennt ein historisches Beispiel für ein solches Sprachspiel, das ziemlich absurd ist, nämlich die Verwendung des Wortes „pastoral“ beim Zweiten Vatikanum vor bald 60 Jahren, also dem Konzil der katholischen Weltkirche, mit dem sie sich nach Jahrzehnten der ideologischen Abschottung langsam wieder der Welt öffnete: Damals, Anfang der Sechzigerjahre, forderte die konservativ-kuriale Gruppe der Konzilsväter, das Konzil müsse ein dogmatisches sein, mit knallharten Festlegungen. Die eher progressive Gruppe auf der großen Kirchenversammlung wollte dagegen ein pastorales Konzil haben, das sich mit den Problemen der Zeit beschäftigt. Als die kuriale Gruppe realisierte, es könnte doch dogmatische Festlegungen geben, aber nicht so, wie sie es gerne hätte, betonte man auf konservativer Seite plötzlich, das sei ja nur ein pastorales Konzil, um die Verbindlichkeit der Beschlüsse herunter zu spielen. Und die progressive Seite spielte das Spiel mit: Sie beruhigte, um ihre Position durchsetzen zu können, die traditionellen Kirchenmänner mit der Versicherung: Ja, das sei nur ein pastorales Konzil. Der trockene Kommentar Seewalds: „Eine Sprache wechselseitiger Unehrlichkeit wurde da gepflegt." Da hat es die evangelische Kirchensprache doch etwas leichter.

Womit wir beim nächsten Thema wären: Wie die kirchliche Sprache vertuscht.

KAPITEL 7

Vertuschung und Hierarchie

Der Theologe Reiner Anselm hat eine Weile in der Schweiz gelebt und eine Erfahrung gesammelt: In eher bürgerlichen Kreisen Zürichs gilt ein schlichtes „Nein“ als etwas unfein – und es gibt „Jas“, die eher „Neins“ sind. Das sei eine maskierte Konversation, die man als Deutsche(r), der/die in der Regel direkter kommuniziere, irgendwie lernen müsse, durch das genaue Hören auf die Zwischentöne. „Solche Muster gibt es im ‚Kirchischen‘ auch. Massiver Dissens wird etwa mit dem Satz ausgedrückt: ‚Ich lege mal meins daneben.‘ Das bedeutet eigentlich: ‚Deine Positon ist total unterirdisch.‘“ Der Münchner Professor hat ein weiteres Beispiel einer maskierten Kommunikation im kirchlichen Milieu: „Auch die Formel ‚Das nehme ich jetzt einmal mit‘ ist ja eine, die eher ausdrückt, dass man das Gesagte nach einer Minute schon wieder vergessen hat.“ Die Folge: „Das ist ein klarer Diskursstopper. Darüber darf man nicht mehr reden, sondern: Knicken, lochen, abheften.“

Trotz der klaren Forderung Jesu „Eure Rede aber sei: Ja, ja; nein, nein. Was darüber ist, das ist vom Bösen“ (Matthäus 5,37) neigt die kirchliche Sprache zur Vertuschung – man sagt nicht klar, was man will oder von dem anderen erwartet. Häufig werden Hierarchien und Anweisungen, die von oben nach unten gegeben werden (wie sonst?), vertuscht. Auch unschöne, aber doch gelegentlich ganz natürliche Emotionen wie Wut oder Zorn verschwimmen in einer sprachlichen Dunstwolke.

So ist die kirchliche Sprache häufig eine maskierte Aggression, die Menschen ausschließt. Man muss genau wissen, wann eine freundliche Angelegenheit zur Aggressionen wird. Reiner Anselm nennt ein Beispiel für eine ziemlich häufige, gleichwohl verdeckte Form der Aggression: „Es gibt doch keinen härteren Imperativ im Kontext der Kirche als den Satz: ‚Ich lade Sie ein ...' Wehe, jemand würde das wirklich ernst nehmen. Denn es heißt doch eigentlich: ‚Jetzt mach mal – und kein Mucken!'"

Hier kommt zum Tragen, was schon über den Einfluss der Sozialwissenschaften und der sozialpädagogischen Sprache auf den kirchlichen Duktus geschildert wurde: Es geht darum, mit diesen Mitteln die Wirksamkeit des Gesagten zu verstärken und den Druck auf den Gesprächspartner zu erhöhen. Das sanfte Um-die-Ecke-Reden („darf ich Dich einladen, ...") heißt, jemanden scheinbar ernst nehmen – ihn aber zugleich zu entmündigen.

Es wird dabei so getan, als ginge es nicht um Autorität, sondern der oder die andere soll sich irgendwie gut und aufgewertet fühlen. Es ist also eine Adressierung an jemanden, der oder die scheinbar gleichberechtigt ist. Denn nur Gleichberechtigte lädt man ein. Aber in der besonderen Sprechsituation (nicht nur des kirchlichen Umfelds) ist das keine Einladung, sondern eine verklausulierte Aufforderung. De facto kann man dem nur entgehen, indem man unhöflich ist und die Einladung ablehnt. Diesen Schritt aber scheut man.

Das Problem dabei ist, dass dieser Ausdruck wie viele Wörter der kirchlichen Sprache die Unehrlichkeit untereinander fördert. Das gilt auch für den nicht nur in Kirchenkreisen mittlerweile inflationär gebrauchten Ausdruck „auf Augenhöhe". Der, meint der Kommunikationswissenschaftler Jo Reichertz schlicht, sei „eine Lüge": „Wer das Wort benutzt, vertuscht damit gerne eine Kommunikation von oben nach unten." Gerade in der katholischen Kirche simuliert oder behauptet man mit solch einer Formulierung einen Dialog „auf Augenhöhe", den es nicht gibt, denn die katholische Kirche ist nun mal nicht demokratisch verfasst. Es gibt fast immer ein klares Oben und ein ebenso klares Unten. Das gilt übrigens auch für jede Predigt-Situation, auch wenn viele Pfarrerinnen und Pfarrer längst die Kanzel verlassen haben: Jemand steht oben und predigt, die anderen sollen zuhören. Man kann es noch zuspitzen: In der Regel wird überall dort Augenhöhe betont, wo eben keine ist.

Zugleich kann man solche vertuschenden Wörter und Sätze nicht als Schrulligkeiten eines besonderen Idioms abtun. Denn das wesentliche Problem an dieser Art der Kommunikation ist ihre Doppelbödigkeit, die langfristig Vertrauen zerstört. Die Kommunikationstheorie nennt solche Kommunikationssituationen „double bind“: Auf der einen Ebene hört es sich so an, als behandle man jemanden gleichberechtigt. Auf der anderen Ebene ist das aber nicht so. Die Schwierigkeit ist: Man kann dieser Doppelbindung kaum entgehen, man ist fast gezwungen, das Spiel mitzuspielen. Der einzige Ausweg ist, dass man thematisiert, was gerade passiert, also etwa direkt fragt: Was machen Sie jetzt mit mir? Man müsste sagen: Das ist doch keine Einladung, das ist eine Aufforderung oder gar ein Befehl. Aber wenn man eine solche Form der Meta-Kommunikation betreibt, wird das Spiel zerstört, das reibungslose Miteinander wird gestört, man gilt als unhöflich, humorlos oder gar als nervig – und das ist für alle, die vielleicht in der Kirche Karriere machen wollen, keine besonders günstige Position, weshalb sich das Spiel gerade innerkirchlich immer weiter fortsetzt, auch wenn viele darunter leiden.

Um es deutlich zu sagen: Es geht hier schlicht um Macht – und die muss in Kirchenkreisen sprachlich etwas versteckt werden, nicht zuletzt weil Jesus Macht sehr kritisch gesehen hat. Der Rabbiner aus Nazareth hat laut dem Markus-Evangelium (10,42ff) klar gefordert: „Ihr wisst, die als Herrscher gelten, halten ihre Völker nieder, und ihre Mächtigen tun ihnen Gewalt an. Aber so ist es unter euch nicht; sondern wer groß sein will unter euch, der soll euer Diener sein; und wer unter Euch der Erste sein will, der soll aller Knecht sein.“

Man kann darüber streiten, wie weit diese Forderung Jesu in

dieser Welt wirklich zu realisieren ist, und sei es nur in der Kirche. Sicher ist, dass es in der Kirche Macht gibt (und manchmal auch die Macht der Kirche über ihre eigenen Kreise hinaus). Und natürlich ist es kein Zufall, dass Macht in der Kirche über eines der wenigen Mittel genutzt wird, über das die Kirche überhaupt verfügt, nämlich die Sprache. Die kirchliche Sprache ist also auch und immer wieder ein Machtmittel, es ist Macht über andere qua Kommunikation. Sprache wird zu einer Herrschaftstechnik, nicht zuletzt deshalb sind gerade Kirchenobere oft sehr eloquent. Es darf und kann keine Gewalt ausgeübt werden, aber man will schon, dass der oder die andere genau das tut, was man will und (direkt oder indirekt) sagt.

Oder passiert das Ganze mit der kirchlichen Sprache mittlerweile sogar eher unbewusst? Ist das betont verständnisvolle Geduze einfach schon zu einem Komment geworden, dem man eben genügt, so man sich in der kirchlichen Welt bewegt? Ist der verbale Hierarchie-Abbau wirklich intentional oder eher eine Anpassung an eine Gesellschaft, die in den vergangenen Jahren eindeutig unhierarchischer geworden ist – ganz abgesehen vom „Priestertum aller Gläubigen", wie es theologisch heißt, also dem Anspruch an alle Christinnen und Christen, auf ihrem jeweiligen Feld und mit ihren eigenen Mitteln in der Verkündigung tätig zu sein, alle zugleich berufen und einander Brüder und Schwestern, wie es Jesus gesagt hat?

Paul Nolte hält das für möglich. Er argumentiert: „In der Kirche wirkt heute wie bei den Kirchentagen, aber auch bei den Grünen, ein gewisses jugendliches Sozialisationsmilieu: mit wenigen Hierarchien, damals, als die Jugend noch sehr stark die Jugend führte." In der Jungschar sei das damals so gewesen, heute werden sie „Konfi-Teamer" genannt. „Es ist eine horizontale Sozialisation in einer Adoleszenzphase. Ich sehe es weniger als eine strategische Ummäntelung von Machtverhältnissen."

Aber ist das wirklich schlüssig? Die Kirchen haben eine jahrhundertealte Erfahrung und Tradition im Gebrauch einer solchen vertuschenden Sprache. Und natürlich ist eine Sprache der Macht keine kirchliche Spezialität. Sie wird überall gesprochen, wo Macht eher vertuscht werden muss, weil der eigene Anspruch dies erfordert. Das gilt überall dort, wo die Gleichheit aller Sprechenden hoch gehalten wird, etwa in der akademischen Welt bei Universitätspräsidentinnen und -präsidenten, oft beim politischen Personal der Demokratie, manchmal bei Regierungssprechern oder öffentlichen Intellektuellen, die einen gesellschaftlichen Dialog „auf Augenhöhe" einfordern. Aber meistens bleibt es eben eine versteckte Macht, die sich als Gleichberechtigung tarnt: „Die kirchliche Sprache ist die Sprache der Macht, die ununterbrochen von sich selbst behauptet, sie sei das Gegenteil von Macht", bringt es Valentin Groebner auf den Punkt.

Wir bleiben dabei: Die kirchliche Sprache will verbal Hierarchien und Machtgefälle zum Verschwinden bringen, auch wenn beides de facto weiterexistiert. Eine solche Sprache wird häufig verstärkt durch eine Moral, die fast selbstverständlich für sich beansprucht, grundsätzlich auf der richtigen Seite zu sein und zugleich immer nur das Beste für alle zu wollen. Das geht oft einher mit einem Ton feiner Herablassung für die, die diesen Ton nicht kennen oder nicht treffen – oder anscheinend der höheren Moral der Kirche nicht genügen.

Die Tatsache, dass der sprachliche Hierarchie-Abbau auch negative Konsequenzen hat, wird dabei in der Regel in Kauf genommen. Denn eine solche Sprache kann natürlich auch dann zu einer Verwirrung oder Verunklarung der Machtverhältnisse beitragen, wenn es eigentlich gerade wichtig wäre, klar auszusprechen, wer hier jetzt, aus guten Gründen, das Sagen hat. Irgendwo müssen ja die Entscheidungen getroffen werden. Machtgebrauch, Hierarchien und eine klare Sprache sind oft nötig, denn sie verorten Verantwortlichkeiten und beschleunigen Abläufe. Kirchenobere, leitende Geistliche, ein Bischof oder eine Präses sind häufig einfach nötig – und es ist hilfreich, wenn sie eine klare Sprache sprechen, die nichts vertuschen will.

Fulbert Steffensky sagt, es gebe in der Kirche einen „Zwang zum Frieden“, mit dem meist nichts wirklich gewonnen werde. Denn so werden nur die weiter existierenden Animositäten in der Kirche verschleiert oder vernebelt. Andererseits hat auch Höflichkeit ihren Wert, selbst wenn sie manchmal der Lüge oder Notlüge sehr nahe kommt. Es gebe eben, sagt der alte weise Theologe, auch eine „Brutalität der Redlichkeit“, die Kommunikation manchmal zerstört, was gerade vielen Leuten in der Kirche arg ist. Deshalb rette einen auch in der Kirche manchmal der Schein. Denn: „Der Schein ist auch etwas wie das Vorspiel auf Morgen.“

KAPITEL 8

Unschärfe als Programm: Die unklare kirchliche Sprache

Die kirchliche Sprache hat, wie gesehen, viel mit Macht zu tun. Aber sie ist auch eine Sprache der Vorsicht. Das hat positive Aspekte, denn jede Sprache kann, wenn sie brutal ist, auch verletzen. Die kirchliche Sprache hat viel Suchendes und Tastendes, das Imperative, Fordernde ist ihr eher fremd. Es gibt eine Attitüde der Kirchenleute, sich selbst in Frage zu stellen. Dazu gehöre auch eine „Konjunktivierung des Selbst", wie Paul Nolte das nennt: „‚Ich würde denken, dass ...'. Bloß nicht als zu entschieden erscheinen – oder als der, der es schon weiß. Ja nicht überwältigend wirken." Es sei häufig eine Flucht vor dem Indikativ, die sich auch in die wissenschaftliche Sprache hineingefressen habe.

Die kirchliche Sprachhaltung ist nicht nur eine der Empathie, sondern zugleich der Rücksichtnahme – und wer könnte etwas dagegen haben? Aber natürlich wissen alle um die negativen Seiten dieser Vorsicht: Die kirchliche Sprache ist auch eine der Vermeidung: Man will es nicht so klar sagen. Das Gegenüber soll nicht abgeschreckt oder verletzt werden, seine Integrität soll erhalten bleiben.

Der „ganzheitliche Blick" ist dabei zu einem Leitbild in der Kirche geworden, selbst wenn in manchen Situationen eigentlich nur die Rolle interessiert, in der man sich im Austausch begegnet. Dabei lässt sich der „ganzheitliche Blick" theologisch ganz gut begründen. Wir sind eben immer mehr als unsere Funktion. Der Anspruch der Kirche ist es, immer den ganzen Menschen zu sehen, so, wie Gott ihn sehen mag, nämlich mit Liebe. Und wo

Gott die Liebe ist, der Vater aller und alle einander Schwestern und Brüder sind, ist die Sprache eben manchmal vorsichtig – wer will schon einen Familienstreit?

So hat die kirchliche Sprache die Tendenz, sich selbst in dem, was man sagt, zurückzunehmen. Das verführt zu relativierenden Worten wie „irgendwie" oder „ein Stück weit". Das Ziel: den anderen nicht zu kränken – aber auch, sich nicht zu früh festzulegen. Hier ist gerade die Ansprache von Menschen, die enger, als Haupt- oder Ehrenamtliche, mit der Kirche zu tun haben, als „Bruder" oder „Schwester" ein gewisser Widerspruch. Denn eigentlich streitet man sich ja in der Familie, einem im besten Fall „geschützten Raum", häufig heftiger und offener als außerhalb der Familie – man ist sich ja in der Regel der gegenseitigen geschwisterlichen Liebe oder Solidarität sicher. Stattdessen wird mit der Anrede „Bruder" oder „Schwester" oft etwas vertuscht, werden Machtkonstellationen verborgen oder quasi-religiös umschrieben.

Petra Bahr nennt das „eine Kaschiersprache": „Das ist die bei weitem abgründigste Form kirchlichen Sprechens. Man sagt etwa: ‚Ich kann das gut hören' – wenn man eigentlich meint, man findet es unerträglich." Dahinter steht manchmal Diplomatie, manchmal Feigheit und Bequemlichkeit. Dabei verlangt gerade die Theologie eigentlich den Streit, oder besser: die offene Aussprache. Das hat einen innertheologischen Grund: Es ist der Glaube des Christentums, dass den Christinnen und Christen die ganze Wahrheit letztlich entzogen, dass Gott „semper major", also „immer größer" ist – und am Ende stets ein Geheimnis. Umso mehr müsste man ringen, auch mit klarer Sprache, um das, was man dennoch sagen kann. Wenn man es denn wollte und könnte.

Vorsicht ist die Schwester der Angst – und oft ist die kirchliche Sprache eine der Angst vor klaren Aussagen, die womöglich Konflikte hervorrufen könnten. Insofern erschwert die vorsichtige, ja ängstliche kirchliche Sprache den Dialog. Es ist auch schwer, in der kirchlichen Sprache so etwas wie Wut oder Ärger auszudrücken, ohne aus dem üblichen Sprachspiel zu fallen. Als

Folge fehlt der kirchlichen Sprache ein wichtiges Instrument der Kommunikation. Der Münchner Professor Reiner Anselm hat für dieses Charakteristikum der kirchlichen Sprache ein schönes Bild: „Wenn Sie Bayrisch sprechen, können Sie keinen Imperfekt bilden, weil es das im Dialekt einfach nicht gibt, man kann nur im Perfekt sprechen. Ich glaube, wenn man ‚Kirchisch' spricht, kann man nicht ärgerlich sprechen. Deswegen gibt es eine ärgerliche Sprache nicht in Kontexten, in denen man diesen Dialekt oder diesen Soziolekt verwendet."

Um nicht missverstanden zu werden: Natürlich wird in Kirchenkreisen auch gelegentlich Tacheles gesprochen, vor allem hinter verschlossenen Türen, zwischen Vertrauten oder eben abends beim Bier wie überall. Aber die Forderung Jesu, man solle untereinander wie Bruder und Schwester sein und Diener des anderen, dieses Gebot zur Harmonie kann recht schnell zum Fluch werden. Denn um der Harmonie willen, ein großer Wert in der Kirche, vermeidet die Kirchensprache oft, gerade intern, das klare Wort. Wer seiner Wut und seinem Ärger, und sei es aus guten Gründen, Ausdruck verleihen will, muss tendenziell in einen anderen Duktus wechseln – und das tut man nicht so gerne.

Die kirchliche Sprache erlaubt kaum attackierende Aussagen – etwa Anwürfe wie: „Du bist ein Idiot!". Hier gibt es ein weiteres Problem. Denn die Sprache der Kirche will eigentlich eine persönliche Sprache sein, die aus dem Herzen keine Mördergrube macht und ehrlich ist. Deshalb ist sie einerseits voller Ich-Aussagen, somit emotional, sie will ja Befindlichkeiten ausdrücken. Das aber wird dann oft hinter Adjektiven möglichst weit zurück gedrängt. So können die Gefühle kaum mehr richtig wahrgenommen werden.

Eine Folge der Vorsicht, ja der Harmoniesucht der Kirche: Ausdrücke wie „spannend", „kostbar" und „wertvoll" unterliegen einer gewissen inflationären Entwertung. Wenn alles „spannend, kostbar, wertvoll" ist, ist es bald nichts mehr – oder es ist nicht mehr als solches erkennbar. Das schaukelt sich hoch, das angeblich Gelungene, ja Gute wird zu einem scheinbaren Normalzustand, was wiederum zur Folge hat, dass man nach immer neuen Superlativen suchen muss. Es ist ähnlich wie in akademischen Kreisen, wenn jeder Vortrag sofort und fast zwanghaft von den Kolleginnen und Kollegen bei Tagungen als anregend und interessant qualifiziert wird. So ist es auch bei der Kirche: Es bedarf da schon einer besonderen Kenntnis des kirchlichen Codes, um zu erkennen, was in Wirklichkeit nicht so gut war oder als solches zwischen den Zeilen auch so beschrieben wird.

In den Kirchen gibt es weiterhin die Tendenz, sich durch eine vorsichtige Sprache nicht angreifbar zu machen, obwohl es in beiden Volkskirchen starke Polarisierungen gibt. Christiane Florin spricht neben der Harmoniesucht der Kirchen davon, die Kirche sei „ein einziger großer Bestätigungszirkus". Das kirchliche Milieu ist eines, das ständig nach Harmonie, Bestätigung, Lob und Anerkennung verlangt. Es wird häufig so gesprochen, dass alle zustimmen können. Dazu passt der auffällig inflationäre Gebrauch des Wortes „dürfen", wie Christiane Florin fein beobachtet hat: „Danke, dass ich hier sein darf, dass ich putzen darf."

Kein Zufall ist auch, dass einer der größten Hits des Neuen Geistlichen Lieds, der Song „Danke für diesen guten Morgen" von 1961, ausgerechnet die Dankbarkeit feiert. Das Lied hat sich übrigens eine halbe Million Mal verkauft und ist sogar in der Hitparade gelandet. In der Kirche wird für alles, auch das Banalste, Dankbarkeit ausgedrückt, es hat schon fast etwas Zwanghaftes – und manchmal Verlogenes. Das verbindet sich oft auf sehr unschöne Weise mit der Moralisierung beziehungsweise moralischen Wertung von diesem und jenem, wobei man gerechterweise sagen muss, dass moralische Wertungen von der Kirche ja gesellschaftlich geradezu erwartet werden, nicht zuletzt durch Journalisten, die die Kirchenoberen nach diesen Wertungen befragen.

So vertuscht die kirchliche Sprache vieles. Die Kirche will viele Konflikte nicht haben, die man überall sonst in der Gesellschaft findet. Manchmal wird dann dabei die Hoffnung geäußert, dass die gemeinsame Spiritualität und das gemeinsame Werteband innerhalb der Kirchen wieder das ins Lot bringen könne, was an ungerechten Machtstrukturen existiert, gerade in der katholischen Kirche und vor allem gegenüber Frauen.

Natürlich ist es gut, dass es in der polarisierten Diskussion der Öffentlichkeit auch Leute gibt, die mit Vorsicht formulieren und eher bedächtig sind – und die Regeln des Anstands, der Höflichkeit und des Respekts sind sowieso einzuhalten. Aber eine klare und präzise Sprache bedeutet ja nicht, dass man andere respektlos behandelt, im Gegenteil, sie ermöglicht erst das respektvolle Gespräch oder doch zumindest einen Fortschritt im Gespräch, weil man dann genau weiß, was der andere sagen will und meint. In der kirchlichen Sprache gibt es aber leider die Neigung, sich hinter Floskeln und Phrasen zu verstecken: Phrase unser!

Und natürlich gibt es auch in der Kirchensprache Moden. Die katholische Publizistin Florin gibt ein Beispiel für eine solche Mode, nämlich Infinitivkonstruktionen wie „in die Zukunft Brücken bauen“ oder „mit Jesus zum lebendigen Gott finden“. Diese haben den Vorteil, Verantwortlichkeiten zu vernebeln – aus diesem Grund sind sie auch besonders beliebt. Es sei verräterisch, dass der alte Imperativ in der Kirchensprache weg sei, etwa nach dem Motto: So geht's zu Gott! Oder: „Mir nach spricht Christus, unsere Held!“. Einen Imperativ wolle man nicht mehr formulieren. „Aber ein Infinitiv ist halt gar nichts. Der sagt nicht, wer was machen muss oder soll.“ Er benenne noch nicht einmal eine Person. „Der spricht auch nicht an. Es wabert im Raum.“ Fehle nur noch die Formulierung „Mit Jesus reden 2.0“, wie sie ergänzt. Niemand wäre Jesus gefolgt, wenn er gesagt hätte, man müsse mal aufstehen, das Bett nehmen und gehen.

Wo wir gerade dabei sind, noch ein kleiner Ausflug zu anderen gegenwärtigen Moden in der Kirchensprache, die nicht unbedingt vertuschen, aber doch eine gewisse Flucht vor der heutigen Sprache darstellen. Der evangelische Liturgiewissenschaftler und

Dichter Christian Lehnert aus Leipzig gibt ein paar Beispiele – und schildert ihre Vorteile:

So gebe es etwa eine Genitiv-Metaphern-Häufung, also „Licht des Glaubens, Dunkel des Todes“. Das klinge schön und immer nach etwas, so Lehnert. Verlockend sei auch der häufige Gebrauch des Partizips Präsens in der Predigt, also zum Beispiel „singend“, „lobend“ oder „wertschätzend“. Dieses Partizip trage eine merkwürdige Statik in den Satz, werde zurzeit aber geliebt, weil es einen Klang von 19. Jahrhundert habe. „Das klingt romantisch.“ Oft schleiche sich auch die biblische Syntax in die Predigt hinein. „Das hört man sofort. Seltsame Wortstellungen. Vorangestelltes ‚Und‘ – und solche Dinge.“

Aber es geht nicht nur um Ästhetik. Die Unschärfe der kirchlichen Sprache macht es ihr oft schwer, mit ihren Positionen in der Öffentlichkeit wahrgenommen zu werden. Das ist die eine Seite. Die andere ist, dass die beiden deutschen Volkskirchen mit ihren jeweils über 20 Millionen Mitgliedern natürlich noch viel heterogener sind als zum Beispiel die viel kleinere SPD – und schon bei dieser Traditionspartei war in den letzten Jahren eindrucksvoll zu beobachten, wie schwierig es ist, einen Konsens und klare Positionen herauszuarbeiten. In den nominell riesigen Institutionen der Volkskirchen, also der Evangelischen Kirche in Deutschland und der deutschen katholischen Kirche ist es eben schwer, einen klaren Konsens zu entwickeln. Wer in den vergangenen Jahren etwa das Gerangel der knapp 70 katholischen Oberhirten der Deutschen Bischofskonferenz zu den Themen „Diakonat der Frau“ oder „Abendmahl für wiederverheiratete Geschiedene“ beobachten konnte oder musste, der weiß schon, warum die Kirchen selten zu einer eindeutigen Sprache finden – und das waren nur die innerkirchlichen Themen! Die Dezentralität der evangelischen und katholischen Kirche in Deutschland macht eine klare Sprache schwer.

Andererseits hat die kirchliche Sprache im Vergleich zur politischen Sprache natürlich eine gewisse Freiheit – die Kirchen haben keine unmittelbare politische Entscheidungskraft, sie könnten freier und theoretisch auch klarer sprechen. Ellen Ueberschär, die als frühere Kirchentags-Generalsekretärin und jetzige Co-Chefin der Heinrich-Böll-Stiftung das kirchliche wie das politische Feld sehr gut kennt, findet dafür ein schönes Bild: „In der Kirche spricht man Themen an und braucht nur einen kleinen Stein ins Wasser zu werfen. Aber man muss sich nicht mit der Frage beschäftigen, wie der Grund aussieht, auf den dieser Stein dann hinabsinkt." Das müsse man aber in der Politik, was sie selbst in ihrer neuen Aufgabe in der Heinrich-Böll-Stiftung sprachlich erst habe lernen müssen: „Eine kirchliche Sprache der Andeutungen oder Metaphern funktioniert da nicht mehr."

Hinzu kommt, dass die Kirchen wie alle gesellschaftlichen Institutionen dazu neigen, den leichteren Weg zu gehen, indem sie bewusst eine Strategie der unscharfen Sprache in der gesellschaftlichen Auseinandersetzung wählen. Das ermöglicht Formelkompromisse und eine Position, der alle oder zumindest möglichst viele in der Kirche noch einigermaßen zustimmen können. Das Spiel ist auch aus der Politik bekannt.

Weiterhin gibt es eine Vorsicht oder Ungenauigkeit in der Sprache, weil man ja nicht sicher sein kann, ob man alles einhalten kann, was man vollmundig erklärt. Denn das ist natürlich schon der Anspruch gerade der Kirche: zu sagen, was man meint – und zu tun, was man sagt. Die konturlose, vielleicht abgeschliffene Sprache der Kirche kann auch das Ergebnis eines langen Ringens (auch so ein Kirchenwort) um eine gemeinsame Position sein – gerade dann, wenn das nach außen gar nicht sichtbar wird, denn kirchliche Texte erblicken in der Regel erst das Licht der Öffentlichkeit, wenn sie einen Konsens gefunden haben.

Zugleich gibt es eine leichte Fluchtmöglichkeit für die Kirche, nämlich das Ausweichen ins eher Theologische (oder Psychologische). So ist man Verantwortung los, denn notfalls hat man das ja nur theologisch, nicht konkret politisch gemeint. Schließlich findet man einen typischen Kirchenduktus des Sowohl-als-auch, der sich auch noch damit schmückt, (im Gegensatz zu anderen) besonders differenziert zu argumentieren. Das hat in der Tat dann häufig etwas Verlogenes. Insofern ist die Unschärfe der kirchlichen Sprache auch Programm: Man will es einfach nicht so genau sagen.

Diese Unschärfe der kirchlichen Sprache ist ein Widerspruch zur Sprache der Bibel, die in der Regel sehr klar ist, klar bis hin zur Brutalität. Man schaue sich etwa die Psalmen an, in denen einerseits wunderschöne Bilder für die Liebe Gottes zu finden sind, andererseits in jedem dritten Psalm der Herr dazu aufgerufen wird, die Feinde zu zerschmettern oder schlicht zu töten. Problematisch wird die kirchliche Sprache zudem immer dann, wenn sie versucht, die biblische zu imitieren. Es ist zum Beispiel schwer, liturgische Texte zu erarbeiten, die Tiefe haben. Außerdem müssen sie noch für kommende Generationen halten. Die evangelische Kirche müht sich derzeit um neue liturgische Texte für die Trauung homosexueller Paare in der Kirche. Es ist recht leicht, sich über den „Kirchenslang" lustig zu machen. Umso schwerer ist, es gut anders zu machen – was aber keine Entschuldigung sein darf, denn eigentlich haben die Kirche ja einen alten, reichen Wortschatz, das sprachlich geschulte Personal und vergleichsweise viel Zeit, es anders zu machen. Man muss sich halt Mühe geben.

Thies Gundlach, als so genannter Cheftheologe der EKD einer der führenden Funktionäre im Kirchenamt in Hannover, der Verwaltungsspitze der Evangelischen Kirche in Deutschland, beurteilt die unscharfe Kirchensprache im politischen Feld, was häufig auch seines ist, aus ähnlichen Gründen mit einiger Milde – und das sollte nicht als eine Selbst-Entschuldigung betrachtet werden. Er meint: „Klarheitsphantasien kann man in der Physik haben, nicht aber in der Kirche und in ihrer Sprache." Das Problem der Kirche sei hier eher: „Wir haben im Kernbereich unserer Botschaft, nämlich ‚Gott ist da und für dich da!', eine gewisse Sprachlosigkeit und Verunsicherung."

Das ist ein harter Satz. Es ist kein Wunder, dass derzeit in beiden Kirchen sehr häufig von allen Christinnen und Christen

„Sprachfähigkeit“ über das, was man glaubt, eingefordert wird – vielleicht, weil das Bewusstsein um sich greift, dass es tatsächlich gegenüber der heutigen Gesellschaft eine „Sprachlosigkeit“ der Kirche gibt, wie Thies Gundlach es nennt.

Die konstatierte Sprachlosigkeit der Kirche hat ihre Entsprechung in einer – überspitzt gesagt – weit gehenden Sprachlosigkeit des Kirchenvolks in Sachen Theologie. Über theologische Fragen wird unter Nicht-Theologinnen und -Theologen kaum noch diskutiert. Ob das zu bedauern ist, darüber kann man streiten, aber Tatsache ist, dass das in den ersten Jahrzehnten nach dem Zweiten Weltkrieg noch ein wenig anders war, als zum Beispiel heftig über die Entmythologisierungs-These des Marburger evangelischen Theologen Rudolf Bultmann diskutiert wurde, ja dieses Thema sogar Hallen zu füllen imstande war.

Da war die Sprache der kirchlichen Diskussion relativ scharf und klar. Heute geht es dagegen in der Regel um Ethik; Theologie interessiert nur noch wenige. Die Frage, ob es noch in Ordnung sei zu fliegen, wird an Kirchenobere gestellt – eher nicht die Frage, was denn nun die Trinität eigentlich sei. Ein großer Konsens unter den Millionen Kirchenmitgliedern und damit eine klarere Sprache ist nur noch in Teilbereichen möglich: „Wohinter alle stehen, ist, wenn die kirchliche Leitung eine biblisch begründete und auf die Seelsorge des Einzelnen zielende Aussage tätigt – und das ist ja auch das Kerngeschäft der Kirche“, sagt Ellen Ueberschär, aber „in dem Augenblick, in dem es politisch wird, ist eine eindeutige Positionierung, es sei denn, es geht um Menschenfeindlichkeit, eigentlich nicht möglich.“

Gerade die kirchliche Seelsorge lebt davon, etwas eher im Dunklen zu lassen, da ist sie der Sozialpädagogik nahe. Sie will durch negative Kritik niemanden entmutigen. Deshalb wird selbst die manchmal harte Sprache Jesu, gepaart mit seinem gelegentlich schroffen Auftreten, in der Kirche gern weich gespült. Jesus schmiss im Tempel die Tische der Händler um, forderte seine Apostel auf, ihre Familien zu verlassen, oder sagte, er bringe nicht

Versöhnung, sondern das Schwert. Es gibt in beiden Volkskirchen deshalb die Tendenz, diese unsanfte Seite Jesu zu verdrängen oder unerwähnt zu lassen.

Gerade die protestantische Kirche präsentiere Jesus nur noch als den Heiland, der für alles Verständnis habe, meint Jan Fleischhauer. „Das hängt mit der Selbstsäkularisierung der Kirche zusammen. Man wollte den strafenden Gott überwinden. Alles Gewalttätige, was die Bibel hat, wurde wegerklärt." Die Kirche habe eben oft Scheu, den Leuten die Wahrheit zu sagen, also zum Beispiel, dass sie Sünder seien – oder ihnen etwas zuzumuten. Deswegen werde die Sprache auch so anschmiegsam wie ein Werbespot. Wahrscheinlich sei das so, vermutet Fleischhauer scharf, weil die Kirche nicht mehr an sich glaube. „Es fehlen in ihr Leute mit einem tiefsitzenden Glauben. Wenn ich wirklich an Gott glaube und daran, dass ich einen Auftrag, eine Mission habe, dann verkünde ich meine Botschaft – ohne Rücksicht darauf, ob Leute sagen, dass sei ihnen nun zu hart, deshalb würden sie darüber nachdenken, die Kirche zu verlassen. Dann sollen sie halt meine Kirche verlassen, wäre die Antwort."

Ein spezifisches Problem gerade der protestantischen kirchlichen Sprache ist dabei eine besondere Eigenart des traditionellen evangelischen Gottesdienstes: Über Jahrhunderte diente die Sprache im evangelischen Gottesdienst vor allem der Reflexion. In den Gottesdienst ging man in der Regel nicht, um dort tief zu beten oder Gott zu erfahren, sondern um über das eigene Glaubensleben zu reflektieren. Das unterschied diesen Gottesdienst deutlich von der katholischen Messe, in der es Jahrhunderte lang vor allem darum ging, über die Liturgie das Mysterium, die Präsenz Gottes zu erleben. Nun bringt es die evangelische Kirche heute in eine gewisse Bredouille, dass religiöses Erleben und religiöse Praxis außerhalb der Kirche stark zurückgegangen sind und viele evangelische Christen nur noch in der Kirche beten. Sie gehen ins Gotteshaus, um Religion zu erleben, auch das Schweigen und das freie, stille Gebet – sie erleben aber stattdessen häufig eher die

Tradition der wortlastigen gelehrten Reflexion des Glaubens im evangelischen Gottesdienst.

Aber auch die katholische Kirche hat ein spezifisches Problem, das Bischof Overbeck als ein Dilemma beschreibt: „Gewisse Vermeidungsworte sind eher Ausdruck der Spannung, in der die Kirche mit ihren Traditionen und ihren lehramtlich verbindlichen, dogmatisch ausgedrückten Entscheidungen zu einem Wahrnehmungskontext und Resonanzraum von heute oder in den letzten 50, 60 Jahren steht, der das nicht mehr übersetzt und gar nicht mehr annimmt."

Dies kann zweierlei provozieren: Einerseits um der Klarheit willen erst recht scharf zu formulieren und zu sein. Andererseits – vor allem in der Seelsorge, die ja der häufigste Ort kirchlichen Handelns ist – „der Versuch, dem Wort, ohne ständig anzuecken im Sinne der Tradition, einen weiteren Bedeutungshorizont zu eröffnen, der die Leistung der Übersetzung bei dem, der zuhört, noch einmal anregen soll", so Overbeck. Das ist im Sinne der Klarheit der Sprache hinderlich. „Aus dieser Spannung kommt niemand von uns heraus, der die Unterschiedlichkeit der Menschen, zu denen er spricht, vor sich hat."

Wie die meisten Fachleute sieht auch der Bischof eine große Schwierigkeit in der Unschärfe der kirchlichen Sprache – ja, es lauere in ihr sogar eine existenzielle Gefahr: „Sprache kann so veruneindeutigen, dass sie gar nichts mehr auf den Punkt bringt, dass sie nichts mehr provoziert oder orientiert. Wo der Sprecher nicht mehr als identisch mit seiner Botschaft wahrgenommen wird, kann die Kirche an ihrer Sprache eingehen." Erik Flügge hat das in dem Titel seines Buches drastisch ausgedrückt: „Wie die Kirche an ihrer Sprache verreckt."

Wenn sich gerade die katholische Kirche nicht aus dem Sprachspiel der Tradition löst oder lösen will, ist es klar, dass sie bei den Gläubigen und stärker bei allen Menschen in der Gesellschaft nur noch einen ziemlich engen Resonanzraum findet – der kreative Prozess des Verstehens und Nachhakens ist gestoppt.

Es kann klüger sein, so zu sprechen, dass die Räume der Resonanzen weit sind. Denn es geht ja um die Weite des Geheimnisses des Wortes Gottes, bei verschiedenen Leuten kann so auch Verschiedenes angestoßen werden. Denn das ist das Faszinierende der Wirkung einer Predigt und Ansprache, dass sie nie, auch wenn sie noch so scheinbar eindeutig in ihrer Sprache ist, in allen Menschen das Gleiche auslöst. Die Resonanz hängt eben sehr von der Relation des Sprechenden zum Hörenden ab – von dem, was gesprochen wird, und dem, was von dem Gesprochenen wie gehört wird. Vieles in der heutigen kirchlichen Sprache ist so kompliziert geworden, dass der Resonanzraum sehr klein geworden ist. Aber es gibt zugleich eine Erfahrung vieler Predigerinnen und Prediger: Je einfacher gesprochen wird, sowohl bei den Begriffen wie bei den Bildern, umso weiter ist manchmal die Wirksamkeit.

Interessant ist, dass an dieser Stelle das Neue Geistliche Lied einen gewissen Einfluss gehabt haben könnte, denn gerade durch das Liedgut dringt ein ganz eigener Ton in die kirchliche Sprache: Die meisten Liedtexte sind eher lyrisch. Das bedeutet, sie sind in der Regel eher unscharf. Zugleich wollte man sehr bewusst die Alltagssprache im Neue Geistlichen Lied verwenden, also eher keine klare, kantige Sprache – auch die theologische Sprache wurde gemieden. Das hat zusätzlich Unschärfe in die kirchliche Sprache hineingetragen.

Das Ganze ist nicht immer harmlos, denn es kann auch theologische Konsequenzen haben. Das gilt gerade dann, wenn man als Liedermacher eine klare Aussage, vielleicht aus falscher Rücksicht auf das scheinbar überforderte Publikum, meidet: „Wenn ich als Texter beim Neuen Geistlichen Lied von ‚Freiheit‘, statt von ‚Glaube‘ schreibe oder versuche, das Wort ‚Gott‘ zu vermeiden, dann muss ich irgendetwas anderes schreiben, was andere Assoziationen auch in die kirchliche Sprache hineinträgt“, sagt Katharina Herrmann.

Am Ende muss man die Unschärfe der kirchlichen Sprache aber in spezifischen Umständen auch ein wenig verteidigen. Denn es kommt auch hier darauf an, welchen Zweck in welcher Situation sie genau erfüllen soll. Es kann manchmal sinnvoll sein, dass Konfliktsituationen sprachlich ein wenig umschifft werden oder Hierarchien nicht ganz so deutlich zu Tage treten. Vor allem aber gibt es die liturgisch-geistliche Sprache, die ganz eigenen Anforderungen genügen muss. Denn hier ist nicht nur die rein rationale, eindeutige und klare Sprache erforderlich oder segensreich. „Liturgisch-geistliche Sprache muss ein wenig schweben und unscharf sein", sagt Thies Gundlach. Das könne zwar ins Betuliche abrutschen. „Aber wenn es gut gemacht ist, öffnet diese Sprache einen Symbolraum, einen spezifischen Klang, in dem man Frömmigkeit, Glauben, Zuversicht und Unverzagtheit spüren kann." Das entspreche der „Herzensdimension", die der Glaube auch hat – und Gundlach entschuldigt sich, nachdem er das Wort „Herzensdimension" gesagt hat, fast schon wieder dafür.

Es gibt nicht wenige Menschen in den Kirchen, die einen totreden. Auch Besserwisser sind allzu häufig anzutreffen – die Besserwisserei ist so etwas wie die *déformation professionelle* einer Institution, die dauernd um Rat gefragt wird. Die Kritik des Theologen Gerhard Ebeling am Anfang der Siebzigerjahre vom „Überdruß am Wort" ist deshalb immer wieder richtig. Dennoch darf die kirchliche Sprache gelegentlich auch ihre gekünstelte, inszenierte Seite haben, etwa in der Liturgie und generell bei Gebeten. Denn diese Sprache zieht einen raus, aus einem selbst und aus dem Alltag. Sie öffnet einen weiten Raum. Das beste Beispiel, meint Thies Gundlach, sei die Luther-Bibel. „Leicht verständlich ist sie nicht, aber sie hat einen ganz eigenen Klang. Man merkt sofort, hier geht es nicht um Alltägliches. Das muss auch so bleiben."

KAPITEL 9

Die (simulierte) Nähe der kirchlichen Sprache

Die Kirche betont ihre Nähe zu den Menschen. Doch wie weit entfernt das einfache Volk Gottes vielen Kirchenoberen ist, zeigt ein schrecklicher, bestenfalls gedankenloser, aber doch eher zynischer Text, den der zurückgetretene Papst Benedikt XVI. im April 2019 zum Thema Missbrauch in der Kirche geschrieben hat. Seine Wortwahl zeigt, wie eingeschränkt die Realität von manchen in der Kirche wahrgenommen wird. Nun ist Joseph Ratzinger, der emeritierte Papst, ein sehr alter Mann, dessen Worte man vielleicht nicht mehr unbedingt auf die Goldwaage legen sollte, auch wenn er einst als ein Meister der Sprache galt. Dennoch: Bezeichnend für dieses abgehobene, nur um die Kirche kreisende und erst ganz zuletzt an die Opfer und die Frauen denkende Sprache ist eine Reaktion Ratzingers auf die Bischofstagung zum Missbrauchsskandal Ende Februar 2019 im Vatikan.

Der Ex-Papst schreibt, in teilweise alter Rechtschreibung: „Wenn wir also nachdenken, was zu tun ist, so wird klar, daß wir nicht eine von uns erdachte andere Kirche brauchen. Was notwendig ist, ist vielmehr die Erneuerung des Glaubens an die uns geschenkte Wirklichkeit Jesu Christi im Sakrament. In den Gesprächen mit Opfern der Pädophilie ist mir diese Notwendigkeit immer eindringlicher bewußt geworden. Eine junge Frau, die als Ministrantin Altardienst leistete, hat mir erzählt, daß der Kaplan, ihr Vorgesetzter als Ministrantin, den sexuellen Mißbrauch, den er mit ihr trieb, immer mit den Worten einleitete: ‚Das ist mein Leib, der für dich hingegeben wird.' Daß diese Frau die Wandlungsworte nicht mehr anhören kann, ohne die ganze Qual des Mißbrauchs erschreckend in sich selbst zu spüren, ist offenkundig. Ja, wir müssen den Herrn dringend um Vergebung anflehen und vor allen Dingen ihn beschwören und bitten, daß er uns alle neu die Größe seines Leidens, seines Opfers zu verstehen lehre. Und wir müssen alles tun, um das Geschenk der heiligen Eucharistie vor Mißbrauch zu schützen."

Man muss den Text gründlich lesen, um seine Abgründigkeit zu erkennen: Es geht hier um die fortwährende Vergewaltigung einer Ministrantin durch einen Kaplan. Aber außer den knappen Worten „ganze Qual des Mißbrauchs" kreisen die Sätze Ratzingers vor allem um die Beschmutzung der Eucharistie durch die Handlungen des Kaplans. Man müsse den Herrn um Vergebung bitten, ja, aber offenbar nicht wegen der Verbrechen des Kirchenmannes, sondern dafür, dass man die Größe der Leiden Jesu nicht recht verstanden habe. Und man müsse alles tun, um „das Geschenk der heiligen Eucharistie vor Mißbrauch zu schützen" – also nicht die jungen Menschen müssen vor Missbrauch geschützt werden, sondern die Eucharistie! Es ist ein bodenloser Text.

Die kirchliche Sprache ist nicht immer so realitätsfern und menschenverachtend, meistens ist es harmloser, manchmal sogar lustiger. Ein Beispiel ist das Wort „Achtsamkeit". „Das Wort Achtsamkeit ist eines meiner Lieblingsworte", sagt der Kommunikationswissenschaftler Jo Reichertz sarkastisch. „Wenn ich das höre, weiß ich: Hier bin ich falsch."

Die kirchliche Sprache ist gefräßig. Sie nimmt, wie schon beschrieben, Worte aus anderen Sphären auf – und manchmal sind es auch Modeworte. So ist es mit dem derzeit in kirchlichen Kreisen so beliebten Wort „Achtsamkeit". Woher das Wort kommt, ist unklar. Wahrscheinlich ist, dass es seine Popularität nicht zuletzt durch die Schriften des brasilianischen katholischen Theologen Leonardo Boff gewonnen hat. Der vom Vatikan in den Achtzigerjahren gemaßregelte brasilianische Befreiungstheologe wollte mit dem Begriff „Achtsamkeit" die Ökologie stärker in die Theologie integrieren, ein Anliegen, das sicherlich positiv zu bewerten ist. Aber jedes starke Wort hat die Tendenz, überstrapaziert zu werden, bis es zu einer Phrase verkommen ist.

Da das Wort „achtsam" oder „Achtsamkeit" aber eine so große Bedeutung in der kirchlichen Sprache hat, sei hier noch einmal ein genauerer Blick darauf geworfen: Es kommt mit großer Wahrscheinlichkeit nicht aus dem kirchlichen Kontext, sondern wohl aus dem Buddhismus, und wurde (und wird) in buddhistisch angehauchten Therapien trivialisiert. Mit der Achtsamkeit wird sprachlich ein hohes und besonderes Maß an Empathie und Rücksichtnahme suggeriert, auch wenn das nicht ohne Fallstricke ist. Achtsamkeit verspricht eine besondere Form der Nächstenliebe – und es ist bezeichnend, dass das alte Wort „Nächstenliebe" offenbar nicht mehr die Kraft hat, gegen ein eher nicht religiös klingendes Wort wie Achtsamkeit zu bestehen. Dabei hat das Wort „Achtsamkeit" wie eine Medaille zwei Seiten: Es wendet sich sprachlich den Bedürfnissen des Nächsten zu, suggeriert aber zugleich eine Zuwendung zu den eigenen Bedürfnissen. Man müsse sich manchmal ja auch um sich selbst kümmern, wird dann gern gesagt, und achtsam mit sich selbst sein.

Generell gilt: Die kirchliche Sprache will fast immer Nähe herstellen, sie redet viel von Emotionen und Gemeinschaft. Das liegt natürlich an ihrer Botschaft und an Jesus Christus, in dessen Nachfolge die Kirche steht oder stehen will. In der Botschaft Jesu steckt sehr viel Nähe. Die Botschaft, den anderen zu lieben wie sich selbst, legt das nahe. Es geht um Emotionen, es geht darum, Gemeinschaften zu schaffen. Folgt man den Evangelien, dann war in der Gefolgschaft Jesu viel körperliche Nähe, ja manchmal Sinnliches zu finden. Man denke etwa an die Salbung der Füße Jesu durch seine Begleiterin Maria (nicht die Mutter Gottes), die offenbar so viel von dem recht teuren Öl nahm, dass das ganze Haus in Bethanien danach nach Öl duftete – und sie trocknete es auch noch mit ihren eigenen Haaren, was durchaus eine erotische Note hat (vgl. Johannes 12,3f).

Die Suche, vielleicht die Sucht der Kirche nach Nähe wird angereichert durch die schon geschilderte Pädagogisierung und Emotionalisierung der gesellschaftlichen Sprache in den vergangenen Jahrzehnten. Auch die Seelsorge-Bewegung war von Bedeutung. Manche sagen, sie habe seit den Siebzigerjahren zu einem regelrechten Umbruch in der Kirche geführt. Der Pfarrberuf veränderte sich, der Kultus wurde weniger wichtig, die Seelsorge wichtiger. Auch von dort kommen die heute im kirchlichen Kontext so wichtigen Worte wie Wahrnehmen, Zuhören, Sich-selber-Ausliefern, Spüren, Einfühlen und Dabei-Sein-beim-Anderen. Aber natürlich sind dahinter oder daneben immer noch Machtansprüche und Generationskonflikte innerhalb der Kirche zu beobachten. Es gibt Glaubensziele, die weiterhin stark umkämpft sind. Gerade in der katholischen Kirche Deutschlands wird derzeit um wichtige Entscheidungen bezüglich des zukünftigen Gesichts der Kirche hart gekämpft, etwa beim „Synodalen Weg", den die Bischöfe zusammen mit dem Zentralkomitee der deutschen Katholiken (ZdK) initiiert haben. Und mindestens in den sozialen Medien ist die Sprache in katholischen Kreisen zwischen Reformern und Bewahrern, um sie möglichst neutral zu benennen, gelegentlich ziemlich ruppig. Es geht eben um viel.

In der Kirche wird auch um Macht gekämpft, natürlich. So bedarf es an der Spitze im Idealfall besonderer Menschen, die mit ihr umgehen können. Die Sprache der Macht ist notgedrungen meist ganz anders als die traditionelle Sprache Jesu und die Sprache der Nähe, die qua Amt zugleich in diese Sphäre dringt. Der Historiker Nolte nennt ein Beispiel für diese gelegentlich aufkommende Diskrepanz, die nur wenige meistern, denn es bedarf einer besonderen Balance, eines Zusammenspiels von Machtbewusstsein, politischem Instinkt, traditioneller Botschaft, emotionaler Sprache und Wissen um die gesellschaftliche Wirkung der Kirche: Nolte meint, der derzeitige EKD-Ratsvorsitzende Heinrich Bedford-Strohm habe einerseits „einen Spätachtundsechziger-Jargon", sei zugleich aber fromm. „Seine emotionalisiert-pädagogisierte Sprache verbindet sich in seinem Kommunikationsstil mit einer althergebrachten Frömmigkeit." Das sei ein Teil seines Erfolgrezepts und seiner Integrationskraft. Deshalb sei er bei den Kirchen-Konservativen überhaupt akzeptabel. Und Nolte ergänzt mit Blick auf einen immer noch prägenden früheren EKD-Ratsvorsitzenden, einen Vorgänger Bedford-Strohms: „Wolfgang Huber hatte das dagegen weniger. Das war ja auch ein Kommunikationsproblem bei ihm. Dadurch wirkte er auf manche fremd, zu akademisch, zu arrogant. Dass Bedford-Strohm auch ein Hochschulprofessor ist, gerät da oft aus dem Blick." Die kirchliche Sprache hat eben häufig ein Problem mit dem Ausgleich von Nähe und Distanz – und selbst in der katholischen Kirche ist die Zeit der Kirchenherren vorbei, denen es schlicht egal sein konnte, wie sie sprachen. Sie saßen fest im Sattel, abgerufen werden konnten sie nur vom Papst und vom lieben Gott – meistens eher vom lieben Gott.

Die kirchliche Sprache der Nähe hat, das bleibt noch zu ergänzen, oft auch einen leicht übergriffigen Charakter. Der Aufforderung, sich berühren zu lassen (von der Botschaft), birgt einen Hauch von Zumutung. Man muss etwas auf sich zukommen lassen, was man selbst nicht mehr unter Kontrolle hat. Manche empfinden das als eine Art Bedrängung. Ein Seitenaspekt ist die in manchen freikirchlichen Kreisen heiß geliebte, aber meist überoptimale Nutzung einer Möchtegern-Jugendsprache, die immer die Grenze der Peinlichkeit streift, wie man etwa an der „Volxbibel" beobachten kann, die im Jugendslang (oder dem, was man dafür hält) verfasst ist. Ellen Ueberschär nennt diese kirchliche Jugendsprache eine „bemühte pseudo-moderne Ranschmeiße-Sprache": „Zum Beispiel: ‚Du musst deinen Akku aufladen!' und so weiter." Auch Autovergleiche seien sehr beliebt.

Besonders deutlich wird die Ambivalenz der kirchlichen Sprache der Nähe bei Kirchentagen. Sie sind große Veranstaltungen, bei denen Christinnen und Christen eben genau dies suchen: die Nähe und den Austausch mit Gleichgesinnten. Das kann man tatsächlich beizeiten intensiv erleben (bis hin zu Jugendlichen, so der Klassiker, die in zu Schlafsälen umfunktionierten Turnhallen ihre Schlafsäcke teilen). Aber natürlich hat das Gemeinschaftsgefühl auch seine Grenzen. Man mag sich bei Kirchentagen gemeinsam fühlen – inhaltlich, also etwa bei kirchenpolitischen oder gesellschaftspolitischen Fragen ist die Nähe und die Einheit auch bei Kirchentagen schnell vorbei. Nicht wenige Konflikte werden, um diese riesigen Veranstaltungen nicht zu sprengen, schon im Vorfeld durch die Vorbereitungsgremien glatt gebügelt.

Vieles wird auf Kirchentagen schon vorab „durchgegendert" und „durchgequotet". Das kann recht schnell zu Langeweile führen. Und wo mal ein Risiko eingegangen wird, etwa AfD-Vertreter eingeladen werden, also der Vorwurf der Nähe der Kirche zu den Rechtspopulisten im Raum steht, da kracht es dann auch ordentlich und zuverlässig, sowohl in den Monaten vor dem Kirchentag wie auf dem Kirchentag selbst. Das war zum Beispiel auf dem Katholikentag 2018 in Münster zu beobachten, wo Demonstrantinnen und Demonstranten eine Podiumsdiskussion mit einem AfD-Vertreter durch Sprechchöre und einem Banner vor der Bühne störten – wie sich schnell heraus stellte, völlig zurecht, denn die Beiträge dieses AfD-Vertreters dienten einer sachlichen Diskussion in keiner Weise, sondern strotzten nur so von Fremdenfeindlichkeit und Realitätsverweigerung. (Ganz abgesehen von den Claqueuren, die der AfD-Mann im Publikum platziert hatte, um sich nicht so allein zu fühlen.)

Generell aber haben Kirchentage den Sinn, dass man sieht und merkt: Engagierte Christinnen und Christen wie mich gibt es viele, ich bin nicht allein. Deshalb wird gerade auf Kirchentagen die emotionale Sprache der Kirche, als einer Kirche der Nähe und Gemeinschaft, besonders gepflegt – und es werden Lieder gesungen, die genau diese Sehnsucht feiern. Es ist auch ein sprachliches Wohlfühl-Paket der Nähe und Gemeinschaft, das auf Kirchentagen angeboten wird. Das ist nicht verkehrt. Denn, wie es Wolf Biermann einmal in einem etwas anderen Zusammenhang sagte:

„Die guten Leute brauchen manchmal auch ein paar gute Leute. Und die Ermutiger, die brauchen auch Ermutigung."

Aber diese Sprache und Atmosphäre der Nähe hat ihre klaren Grenzen, gerade für Minderheiten. Manches war auf dem Kirchentag möglich, was im kirchlichen Alltag verpönt war. Die weiche kirchliche Sprache hat nicht verhindert, dass die Kirche lange Zeit viele Menschen aus Minderheiten verprellt hat. Es ging um Menschen, die nicht heiraten wollten, um Schwule und Lesben, um homosexuelle Pfarrerinnen und Pfarrer, die mit ihrem/r homosexuellen Partner/in gemeinsam im Pfarrhaus leben wollten – eine Angelegenheit übrigens, die noch heute die evangelische Kirche in Sachsen spaltet. Die Kirchentage zelebrierten dagegen schon früh eine Toleranz und eine Nähe, die nur langsam, über Jahrzehnte, in die Kirchen einsickerte. Man kann es etwas pathetisch und biblisch sagen: Sie waren auch Experimentierfelder einer prophetischen, zumindest anderen Sprache und Praxis der Kirche. Negativ ausgedrückt: Die Kirchentage überblendeten viel, was an Intoleranz im Alltag oder in den Kirchenverfassungen noch anzutreffen war.

Wenn es übrigens um die größte körperliche Nähe geht, nämlich um Sex, wird es meist schwierig für die Kirchen: In Kirchenkreisen redet man nicht gern über Fleischeslust, bei den Katholiken noch weniger als bei den Protestanten. Die kirchliche Sprache ist auf diesem Feld verschämt, auch wegen der jahrhundertelangen Tradition der Körperfeindlichkeit des Christentums. Von ihr hat man sich erst im 20. Jahrhundert ein wenig entfernt, wiederum die evangelische Kirche weiter als die katholische Kirche. Aber so richtig gelungen ist das immer noch nicht. Ein Zeichen ist in der katholischen Kirche beispielsweise der Gebrauch des antiquierten und fast etwas klinischen Wortes „Leib", wenn es ganz klar um „Körper" geht, um nur ein kleines Beispiel zu nennen.

Manchmal verdeckt die kirchliche Sprache mit ihrem weichen, vorsichtigen Ton der Liebe und Annahme auch, dass es eben ab und zu schlicht um Begehren und Sex geht. Es gibt eine verspannte

Art, darüber nachzudenken und es zu thematisieren. Und wenn dann einmal, etwa auf Kirchentagen, klar Sex, immerhin ein recht wichtiger Bereich des Lebens von Erwachsenen, thematisiert wird, geht das meist schief oder wird von der Öffentlichkeit skandalisiert. So wurde beispielsweise schon allein die Veranstaltung „Vulven malen", was ja nicht direkt etwas mit Sex zu tun hat, sofort von aufmerksamen Journalisten problematisiert – irgendwie sei das Schweinskram und passe nicht zur Kirche, so kann man das zusammen fassen. Relativ gelassen reagierte Bedford-Strohm übrigens bei diesem Thema auf die Versuche einer Boulevard-Zeitung, ihn aufs Glatteis zu führen:

BILD: Herr Bischof, besuchen Sie auf dem Evangelischen Kirchentag auch den Workshop „Vulven malen"?

Heinrich Bedford-Strohm: Nein. Was ist das?

BILD: Frauen malen ihre Geschlechtsteile, um Scham zu verlieren und freier mit ihrem Geschlecht umzugehen.

Bedford-Strohm *(lacht)*: Ich glaube, das wendet sich nicht an mich.

KAPITEL 10

Die Milieus der kirchlichen Sprache

Wir haben das schon angedeutet: Die kirchliche Sprache ist im Wesentlichen eine bürgerliche Sprache, Sprachtraditionen anderer Schichten spielen kaum eine Rolle. Und natürlich hat das historische Gründe. In Deutschland ist ein wesentlicher Einflussfaktor für die bürgerliche Prägung der kirchlichen Sprache die enge Allianz des Bürgertums mit der protestantischen Kirche, und dies vor allem im 19. Jahrhundert, in der Blütezeit des Bürgertums.

Der bürgerliche, gelehrte Duktus der heutigen Kirchensprache mag nicht mehr so deutlich sein wie etwa noch in den Fünfzigerjahren – aber dass es bis heute eine Nähe gerade des Bildungsbürgertums zur evangelischen Kirche gibt, wird immer wieder deutlich. Das ist trotz zweier Weltkriege und mindestens zweier Revolutionen im 20. Jahrhundert – die eine blutig, die andere friedlich – aller Wahrscheinlichkeit noch immer ein Erbe des protestantischen Pfarrhauses, das über Jahrhunderte ein Hort der Gelehrsamkeit und der gelehrten, bürgerlichen Sprache in deutschen Landen war.

Thies Gundlach betont zwar die Nähe von Protestantismus und Bürgertum, beschreibt sie selbstkritisch jedoch auch als eine Allianz schwindender Gruppen: „Die bürgerliche und die protestantische Welt und Sprache lebten fast wie in einer Symbiose – zumindest lange Zeit. Das betraf früher vor allem das Bürgertum und natürlich auch das Preußentum. Jetzt wollen wir alles ganz anders machen und sind oftmals linksliberal – wie das durchschnittliche Bürgertum heute auch. Aber das Bürgertum wie die Kirche werden kleiner."

Übrigens kommen wir an dieser Stelle wieder zurück zum Problem „Augenhöhe": Von seiner Herkunft her war der Pfarrer, sowohl in der katholischen wie in der evangelischen Tradition, „Hochwürden" oder der „Pfarrherr", der die Gemeinde lehrt – mit Augenhöhe ist es da nicht so weit her. Lange Zeit sahen sich Theologen sprachlich eher auf Augenhöhe mit Soziologen, Psychologen oder anderen, die ebenfalls ihre je eigenen Sprachspiele anwenden. Dabei blieb aber Austausch und Debatte bis heute innerhalb des Bürgertums, weshalb die kirchliche Sprache immer noch so bürgerlich ist. Eine sprachliche Augenhöhe etwa mit den Resten der Arbeiterschaft oder sozial abgehängten und bildungsfernen Schichten existiert so gut wie nicht.

Hinzu kommt, dass das Linksliberale des deutschen Bürgertums historisch eher eine neue Entwicklung ist, traditionell war das Bürgertum in Deutschland lange Zeit preußisch und hart. Der Historiker Paul Nolte spricht von einer „Härte des deutschen Bürgertums und Bildungsbürgertums", die auch eine „Erziehungs- und Denkhärte" war. Reste dieser harten Erziehung und dieser bürgerlichen Sprache sind noch heute zu finden. Allerdings suchte das Bürgertum nach den Erfahrungen der Nazizeit neue Wege, denn ganz offensichtlich hatten die alten Wege ja in die Irre geführt, um es kirchlich auszudrücken.

Man findet insbesondere in den Siebzigerjahren eine Neuerfindung des Bürgertums in der Sprache und in der Erziehung. Es war eine Gegenreaktion auf eine traumatische Entwicklung, die beispielsweise das vernichtende Porträt der Pfarrerfamilie in dem mit 40 Preisen dekorierten Film „Das weiße Band – Eine deutsche Kindergeschichte" des österreichischen Regisseurs Michael Haneke 2009 so packend auf den Punkt gebracht hat. Es ist wohl nicht übertrieben zu sagen, dass die bürgerliche Erziehungs- und Sprachhärte des 19. und frühen 20. Jahrhunderts ein Grund für den Durchmarsch des Nationalsozialismus in Deutschland war.

Die typisch weiche Kirchensprache à la „Man kann nicht tiefer fallen als in Gottes Hand" ist so gesehen auch ein Gegenstück zu einer kirchlichen Sprache, die von einer uns heute fremden Härte geprägt war, ebenso von Angst und von Drohung. Das gilt auch für die katholische Kirche, wo die Hölle immer ganz besonders nahe schien. So gesehen ist die ungefähre und weiche kirchliche Sprache auch ein gewisser Fortschritt, wenn auch ein ambivalenter.

Die schon beschriebene Nähe vor allem des Protestantismus seit Ende der Siebziger- beziehungsweise Anfang der Achtzigerjahre zum ökologisch-grünen Milieu, das ja vor allem bürgerlich geprägt war und ist, kann als ein weiterer Grund dafür gelten, dass sich die kirchliche Sprache von der Härte früherer Jahrzehnte verabschiedet hat. Das geht so weit, dass heute diese politische Ausrichtung, zu beobachten etwa am Dortmunder Kirchentag 2019, wo „Fridays for Future"-Aktivisten gefeiert wurden, oder auf Synoden mit ihren regelmäßigen, gesellschaftlich-politischen Aussagen, schon fast dominant ist. Erinnert sei auch an personelle Schnittmengen des kirchlichen und grünen Milieus, etwa an Katrin Göring-Eckardt, die als Grünen-Spitzenpolitikerin zugleich von 2009 bis 2013 Präses, also Vorsitzende, der Synode der EKD war.

Überhaupt lohnt ein Blick auf die regelmäßigen, einmal im Jahr stattfinden Synoden des Protestantismus in Deutschland: Diese Kirchen(parlaments)versammlungen gibt es für die lutherischen, reformierten oder unierten Prägungen der Landeskirchen, die auch gliedkirchliche Zusammenschlüsse gebildet haben: also die Union Evangelischer Kirchen in der EKD (UEK) sowie die Vereinigte Evangelisch-Lutherische Kirche Deutschlands (VELKD). Hinzu kommt der Reformierte Bund als Dachverband der Protestanten, die sich dem Erbe der Schweizer Reformatoren Ulrich Zwingli und Johannes Calvin verbunden fühlen.

Diese Synoden sind von nicht zu überschätzender Bedeutung vor allem für die innerkirchliche Sprache. Ein Klassiker der Synodensprache ist das schon erwähnte „Ich kann das gut hören". Das wird auf Synoden häufig auch dann noch gesagt, wenn man angegriffen wird. Es ist meist eine Unwahrheit, wenn nicht eine öffentliche Lüge, denn in der Regel kann (oder will) man das Gehörte nämlich überhaupt nicht gut hören. Allerdings hat diese Formulierung auch einen Vorteil: Sie bewahrt die Person, die diese Phrase nutzt, davor, nun Konsequenzen aus dem erlittenen Angriff zu ziehen.

Aber woher kommt dieser besondere „Synodenslang", der so etwas wie die Reinform der weichen kirchlichen Sprache ist? Ein Grund ist wohl ein generationeller: Wer heute in Synoden ehrenamtlich aktiv ist, ist häufig schon älter, selten können sich jüngere Menschen mehrere Tage im Jahr für diese Treffen frei nehmen – es ist ein zeitintensives (und nicht wahnsinnig witziges) Engagement. Viele der eben verhältnismäßig alten Synodalen arbeiten sich weiterhin an den Themen ab, die sie schon hatten, als sie selber noch jünger und aktiver war. Es sind nicht selten Themen, die vor zehn oder zwanzig Jahren aktuell waren, und häufig ist dann die Sprache eben genau so alt. „Zum Teil sind die Leute inhaltlich und sprachlich auf dem Stand der Achtzigerjahre", urteilt Ellen Ueberschär. Es ist auch kein Zufall, dass sich der Duktus von Grünen-Politikerinnen und -Politikern und der von engagierten Kirchenleuten auf Synoden mittlerweile so ähneln, denn oft entstammen sie der gleichen Generation und dem gleichen Milieu. Die „Bewahrung der Schöpfung" und der Umweltschutz sind ja das Gleiche, nur in anderen Worten.

Der Historiker Valentin Groebner schildert die Nähe von Grünen und Kirche auch in ihrer Sprache anhand einer grünen Spitzenfrau der Vergangenheit, nämlich der evangelischen Pastorin Antje Vollmer: „Es gab bei den Grünen in der ersten Hälfte der Achtzigerjahre diese formelhafte Selbstdarstellung als durch politisches oder ökologisches Unrecht persönlich Verletzte, vielleicht am wirksamsten verkörpert durch Antje Vollmer – in der *taz* gab es satirische Glossen über die Sprache: ‚Das macht mich wütend, traurig und betroffen.'" Es war die Zeit der Opposition gegen den NATO-Doppelbeschluss und die große Zeit der Friedensbewegung in der Bundesrepublik. „Damit wurde dieser Gestus der trotzigen Selbstviktimisierung massentauglich." Auch innerhalb der linken Szene sei dies extrem verlockend gewesen. Groebner will das sogar auf einzelne Jahre genau datieren können: „Sprachlich gibt es einen deutlichen Sprung zwischen 1978, dem Tunix-Kongress mit seiner anarchistisch-harten Sprache, und 1982 mit dem Jargon der vielen Antje Vollmers."

Die Verbürgerlichung der Grünen, die in den vergangenen Jahren sogar noch zugenommen hat, und die Begrünung der Bürgerlichen, die selbst in der bayerischen CSU nun Parteilinie ist, hat zu einem ganz eigenen Jargon im *juste milieu* etwa im Berliner Viertel Prenzlauer Berg oder im Münchner Glockenbachviertel geführt – und gerade der protestantische Duktus ist nicht zufällig sehr ähnlich. An dieser Stelle taucht auch das schon genannte typische „Wir" in der kirchlichen Sprache wieder auf. Groebner beschreibt dies mit einem Schuss Polemik und vielleicht auch mit dem geschärften Blick eines Intellektuellen mit nicht-deutschen Wurzeln: „Mich erstaunt immer wieder – zum Beispiel, wenn ich *Die Zeit* aufschlage –, in welchem großen Umfang moralische kulturprotestantische Positionen sich weiterhin problemlos als Mainstream behaupten." Es gehe um ein „Wir" in der Argumentation, also der Gebrauch der ersten Person Plural, mit sehr unklaren Grenzen. „‚Dürfen wir ... Müssen wir ...'. Hier wird ohne weiteres im Namen eines weiter nicht definierten Allgemeinwohls gesprochen, das man zufällig gerade selber verkörpert und das einem ermöglicht, anderen Pflichtenkataloge oder Bußübungen aufzuerlegen."

Eine ähnliche Rolle wie dieses kulturprotestantische „Wir" spielte in katholischen Ländern in früheren Jahrzehnten die katholische Kirche. Sie hat diese Rolle aber dort weitgehend verloren. Für die evangelische Kirche gab es dagegen nach der Wiedervereinigung eine Zeitlang einen solchen Bedeutungszuwachs, weil ihre Rolle als Förderer der Friedlichen Revolution in der DDR politisch umgemünzt werden konnte – und weil das wiedervereinigte Deutschland nach 1989/90 rein demographisch noch einmal deutlich protestantischer geworden ist. Denn die alte Bundesrepublik bekam durch die neuen ostdeutschen Gebiete, dem Mutterland der Reformation, zeitweise einen millionenstarken Zufluss vor allem protestantischer Christinnen und Christen – auch wenn dieses Plus mittlerweile stark verkleinert wurde, nicht zuletzt durch Austrittswellen aus der evangelischen Kirche und dem Wegsterben der älteren, noch getauften Alterskohorten zwischen Elbe und Oder.

Der oft bildungsbürgerliche Duktus der kirchlichen Sprache ist zudem geprägt durch eine Neigung zum gelegentlich dann doch ziemlich autoritären Auftreten gerade kirchlich geprägter Großintellektueller. Natürlich dient diese bildungsbürgerliche Prägung der kirchlichen Sprache auch der schon geschilderten Funktion einer Inklusion nach innen und einer Exklusion nach außen. So beruht die Wirksamkeit der deutschen protestantischen Rhetorik auch auf unausgesprochenen sozialen Implikationen, geprägt durch einen Bildungskanon und eine dadurch suggerierte Zugehörigkeit zu einem tatsächlichen oder imaginären Bürgertum. Diese Sprache wird situiert durch den Empfänger, den sie sich schafft. Sie setzt Zugehörigkeitssignale, aber kaum klare Signale, wen sie implizit ausschließt. Dabei wissen alle Beteiligten, wer drin und wer draußen ist. Gute Ausschluss-Rhetorik muss gerade im bildungsbürgerlichen Milieu von den Nicht-Beteiligten oder Ungläubigen gar nicht reden, weil alle Beteiligten ohnehin wüssten, wer per definitionem nicht mitgemeint ist, meinen Groebner und andere.

Die Inklusions-/Exklusions-Funktion der kirchlichen Sprache wird durch ihre bildungsbürgerliche Färbung also noch verstärkt. Man muss sie verstehen, um überhaupt ihre eigene Leistungskraft aufschlüsseln zu können. Während die Bundesrepublik in den Siebzigerjahren noch offener für den Aufstieg von Menschen aus traditionell niedrigeren Klassen war, hat sich das Bildungsbürgertum durch eine neue Sprache noch einmal neu in Absetzung von den weniger Gebildeten definiert.

Die kirchliche Sprache hat als vor allem bildungsbürgerlich geprägtes Idiom der Mittelschicht die schon geschilderten Eigenheiten der starken Gefühls- und Triebkontrolle, die im Bürgertum ja erwartet wird. Es ist eine Sprache, bei der man nicht mehr schreien und zornig sein darf. Denn das ist unfreundlich und unhöflich, jedenfalls nicht empathisch. Und natürlich hat das etwas mit Herrschaft zu tun. An dieser Stelle hat die kirchliche Sprache auch eine gewisse Nähe zur Sprache der Political Correctness, die zwar in der öffentlichen Kommunikation viele positive Wirkungen hat, aber auch für einige Abgründe gesorgt hat.

Dazu ein kleiner Exkurs: Der Höhepunkt einer sich empathisch gebenden Sprache, die nicht mehr verletzen will, ist nach der Analyse des Kommunikationswissenschaftlers Jo Reichertz das Konzept der Mikro-Aggression in den USA: Keine Pizza in der Mensa, da sie nicht authentisch wäre. Auch zu Karneval ist kein Indianer-Kostüm mehr erlaubt. Ein solches Verhalten setze voraus, dass man die genutzte Kultur, in den genannten Fällen die italienische oder indianische, als so schwach ansehe, dass man glaube, sie schützen zu müssen, indem man die Sprache zensiere. „Durch die überbehütende Sprache, die man auch paternalistisch nennen kann, wird der Gegenstand, den man zu schützen vorgibt, erst einmal klein gemacht. Die behütende Sprache ist keine ermächtigende Sprache, sondern eine unterwerfende." Und zu fragen wäre schon, ob die kirchliche Sprache solchen Phänomenen einer schädlichen Überbehütung und de facto Entmündigung im Kleide eines angeblichen Empowerment nicht recht nahe steht.

Die Verbürgerlichung der kirchlichen Sprache hat auch eine positive Seite. Sie ist heutzutage nicht mehr wie in früheren Jahrhunderten die ganz eigene Sprache derer, die in der Kirche Macht und Einfluss haben. Es ist keine im engeren Sinne elitäre Sprache mehr. Die kirchliche Sprache wird in dieser Logik immer mehr ein

Spiegel der gesellschaftlichen Wirklichkeit der Bundesrepublik: viel Bürgertum und bisher noch recht wenig Elite. Aber es sieht danach aus, dass sich das derzeit ändert. Die Abgrenzungsbestrebungen der Elite nehmen zu, wenn nicht alles täuscht.

Die Kirche befindet sich immer im Wechselspiel mit der Gesellschaft – und das betrifft auch die Wirkung der kirchlichen Sprache auf die Gesellschaft. Es dürfte kein Zufall sein, dass viele – wie manche sagen – „Sprachmächtige" in der deutschen Gesellschaft protestantisch geprägt sind. Das protestantische Milieu ist immer noch eines, das eine differenzierte und kraftvolle Sprache lehren kann, auch wenn das sicherlich nicht mehr so stark ist wie etwa im 19. Jahrhundert, als eine Unmenge der deutschen Dichter aus dem protestantischem (Pfarrhaus-)Milieu kam.

Thies Gundlach analysiert: „Die kirchliche Sprache prägt die Gesellschaft, sie verstärkt den Sound der Gesellschaft, und sie wird zugleich von ihr geprägt." In den Siebzigerjahren sei in der Kirchensprache so viel „Politslang" zu finden gewesen, dass man fast Sehnsucht bekommen habe nach der betulichen Kirchensprache, die ja auch etwas Warmes und Bestärkendes gehabt habe. Und er fügt selbstkritisch hinzu: „Die zum Teil unerträgliche psychologisierende Sprache der Achtziger oder die auch von mir oft benutzte Management-Sprache der Neunziger haben wir aufgesaugt: ‚Kerngeschäft', ‚Kundenorientierung', ‚Taufquote'– das ist alles aufgenommen aus dem Zeitgeist."

Anders herum gilt das aber ebenso: Wer, sagen wir, in Berlin-Mitte als cooler Pfarrer mit Lederjacke und Tattoo auftritt, kann dennoch eine sehr altertümliche Kirchensprache und Theologie haben – selbst wenn ein Vergebungsgottesdienst dann vielleicht „Fuckup-Night" heißt. Es bedarf keiner Anbiederung an eine pseudomoderne Sprache; wesentlich ist, dass die kirchliche Sprache aufrichtig und stimmig ist. Die Sprache der Psalmen etwa wird zwar leicht als fremd wahrgenommen, aber dennoch oft als lehrreich oder tröstend, weil es da eben um existenzielle Gefühle und Nöte geht. Und das gilt, obwohl die Gesellschaft in immer mehr Sprachmilieus aufgespalten ist. Dennoch ist es natürlich schwieriger als früher, den richtigen Tonfall zu finden. Denn was in dem einen Sprachmilieu vielleicht sehr gut ankommen mag, ist dem anderen fremd, ja wirkt abstoßend.

Die Kraft der kirchlichen Sprache zeigt sich auch darin, dass sie nicht nur von der politischen Sprache der jeweiligen Zeit beeinflusst wurde – sie hatte umgekehrt auch Einfluss auf die Sprache der Politik, zumindest in einem bestimmten Areal der Politik, wie Regionalbischöfin Petra Bahr erklärt: „Es gibt eine bestimmte Art der – nicht despektierlich gemeint – öffentlichen, säkularen Sonntagsrede, also von den Reden der Bundespräsidenten über die Weihnachtsansprachen der Bundeskanzlerin bis zu den Reden in der Paulskirche, die von der kirchlichen Sprache beeinflusst wurden." Das hat auch personelle Gründe, so gab es kirchlich geprägte Redenschreiberinnen und Redenschreiber, etwa im Präsidialamt.

Aber dabei geht es vor allem um einen besonderen Duktus, der sich in die Politik geschlichen hat. „Es ist ein zivilreligiöser Hochton präsidialer Lebensbegleitung", so Petra Bahr. „Das ist evident in Deutschland und unterscheidet sich auch von Reden dieser Art in anderen Ländern, in denen die Kirche keine so große öffentliche Rolle spielt wie hierzulande." Im Gegensatz dazu spottet die Katholikin Christiane Florin milde, dass eine pastorale sprachliche Prägung bei Bundespräsidenten vielleicht sogar eine Art Einstellungsvoraussetzung sei: „Wer es nicht hat, dem wird es beigebracht." Außerdem gebe es bei diesem Amt eine „auffällig protestantische Schlagseite". Erinnert sei an Gustav Heinemann, Richard von Weizsäcker, Johannes Rau, Joachim Gauck und Frank-Walter Steinmeier.

Andererseits beklagen manche, dass es auf kirchlicher, vor allem protestantischer Seite nur noch wenige Nicht-Ordinierte gibt, die mit christlicher Intention öffentlich Wirksamkeit entfalten könnten – anders als früher. Das ist auch eine Art Sprachlosigkeit der Nicht-Theologen beziehungsweise der ganz normalen Christinnen und Christen ohne kirchenleitende Funktion. Es gab bis in die Achtzigerjahre hinein recht viele engagierte protestantische Intellektuelle – auch hier sind Richard von Weizsäcker und Gustav Heinemann zu nennen, aber beispielsweise auch Hildegard Hamm-Brücher, die vor dem Hintergrund ihres Glaubens öffentlich gesprochen und politisch gewirkt haben, und zwar in der Regel ohne eine blutleere oder verquaste kirchliche Sprache. Wenn heute eher selten Nicht-Bischöfe zu kirchlichen oder christlichen Themen befragt werden, ist das eher erstaunlich, auch weil Journalisten solche Persönlichkeiten in dieser Hinsicht kaum ansprechen.

Den vielleicht schönsten Satz eines nicht-kirchlichen evangelischen politischen Intellektuellen sagte übrigens Gustav Heinemann 1950 – lange vor seiner Wahl zum Bundespräsidenten – beim Kirchentag in Essen: „Die Herren dieser Welt gehen, unser Herr kommt!" Solche evangelischen Intellektuellen, die öffentlich ihren Glauben zeigen, gibt es nicht mehr viele in Deutschland.

KAPITEL 11

„Sprache der Engel“: Wie die kirchliche Sprache sich zu Tode siegte

Wie hier bereits mehrfach beschrieben, ist die kirchliche Sprache wie die Kirche selbst stets im Wandel. Dennoch verfügt sie bei genauerem Hinsehen auch über eine gewisse Konstanz. So hat sich etwa ihr leicht sozialpädagogischer Duktus in den vergangenen Jahrzehnten nicht wesentlich geändert. Warum ist das so? Woher kommt diese Konstanz? Gibt es Vorteile der kirchlichen Sprache, dass sie so hartnäckig ihren Duktus in den vergangenen 50 Jahren im Großen und Ganzen bewahrte?

Wir haben den In-Out-Mechanismus der kirchlichen Sprache mit ihren besonderen Sprach-Codes schon beschrieben, die für Außenstehende seltsam oder sogar komisch wirken, aber innerhalb der Gruppe wie jedes Gruppenidiom nach einer bestimmten Zeit nicht mehr als seltsam empfunden wird, tendenziell die Gemeinschaft oder zumindest die Bindungskräfte stärken und die Kommunikation in bestimmten Fällen auch beschleunigen können, weil alle sofort wissen, was gemeint ist. Dumm nur, dass die Vorteile der kirchlichen Sprache mit den Nachteilen einhergehen, nämlich dass sie Nicht-Insider leicht ausschließt, weil diese Sprache unverständlich ist, arrogant wirkt oder gar belustigt. Es ist ja kein Zufall, dass Otto Waalkes sich schon vor Jahrzehnten über die kirchliche Sprache lustig gemacht hat.

Dennoch, die kirchliche Sprache würde nicht seit Jahrzehnten in relativ konstanter Form ähnlich genutzt, wenn sie nicht auch Vorteile für die Sprechenden hätte. Welche könnten das sein? Jan Fleischhauer erklärt mit gebotener Schärfe den Grund, weshalb die kirchliche Sprache offensichtlich schon seit Langem in gewissem Rahmen gute Dienste leistet, so: „Kitsch funktioniert. Vielfach bewiesen." Das klappt aber nur dann, wenn die schon beschriebene Doppelbödigkeit der kirchlichen Sprache nicht zu deutlich wird und sie die Kommunikation nicht zu offensichtlich unehrlich macht. Dies kann Fleischhauer zufolge nämlich zu Aggressionen führen, für die man jedoch in diesem Augenblick gar kein Ventil hat, weil man das ja nicht offen ansprechen darf, sonst heißt es nämlich: Man selber hat ein Problem. Und der konservative Publizist wagt die These: „Eine Form, in der sich diese Aggression gesellschaftlich äußert, ist die AfD. Da geht es auch um Sprache." Wenn die Leute merkten, dass man rhetorisch immer über den Tisch gezogen werde, mache das aggressiv. „Man wird behummst mit dieser Sprache, ja. Das ist ihr Hauptproblem." Außerdem bildet die kirchliche Sprache die Probleme der Welt oft nicht ab. „Sie ist nicht realitätsgemäß. Wobei die Frage wäre, ob die Kirche realitätsgemäß sein muss. Aber wenn diese Sprache in die politische Sphäre diffundiert, wird es schwierig."

Es bleibt ein Vorteil der kirchlichen Sprache, dass man erst einmal freundlich miteinander umgeht – und dieser Vorteil ist nicht zu unterschätzen, denn Kooperation wird durch eine freundliche Kommunikation in der Regel erleichtert. Mag es zunächst nur Fassadenfreundlichkeit sein, so hat diese Art der Kommunikation doch ihren Segen – das ist häufig in angelsächsischen Ländern zu beobachten, in denen die oft sehr harte und direkte Kommunikation deutscher Prägung als unhöflich und abschreckend gilt. Das Sprechen in respektvoller Distanz sowie das in der Kirchensprache gepflegte bürgerliche Sprechen ist – anders als etwa das authentische Sprechen in den linken Kreisen der Sechziger- und Siebzigerjahre – weniger verletzend und in der Regel schlicht ein Fortschritt.

Der Publizist Jan Fleischhauer findet dafür eine sehr schöne Formulierung: „Positiv gewendet, will die kirchliche Sprache das Reich Gottes schon voraus nehmen. Es ist die Sprache der Engel."

Aber: „Das Problem jedes Paradieses ist die unglaubliche Langeweile, das gilt für alle Utopien. Wo alle negativen Affekte getilgt sind und wir uns nur noch als Brüder und Schwestern begegnen, erstirbt natürlich auch die Ironie, der Spott, der Humor, alles, von dem ich sagen würde, dass es das Leben lebenswert macht."

Das ist die Ambivalenz der kirchlichen Sprache: Ihre Vorteile gehen immer auch einher mit ihren Nachteilen. Und die sind oft gravierender – gerade wenn es um die zentrale Aufgabe der Verkündigung geht, also weniger um die innerkirchliche Kommunikation. Ein Nachteil der kirchliche Sprache, wenn auch wohl nicht ihr größter, ist etwa der Mangel oder zumindest ein Defizit an Humor, wie es Fleischhauer meint. Valentin Groebner stößt ins gleiche Horn. Er geht so weit zu sagen, dass Ironie in dieser Sprache schlicht unmöglich sei. „Man darf auch keinen scharfkantigen Witz machen. Denn Witze beruhen darauf, dass ein implizites Zugehörigkeitssystem in einem Sprung – der Pointe eben – durch ein anderes ersetzt wird. Das ist erleichternd; deswegen lachen wir, und gleichzeitig ist es etwas erschütternd." Denn sichtbar werde dabei jedes Mal die Brüchigkeit der eigenen, vermeintlich festen und selbstverständlichen Zugehörigkeiten. Deshalb zeigt die weitgehende Humorlosigkeit des kirchlichen Slangs ihre grundsätzliche Verletzlichkeit. „Die kirchliche Sprache darf keine Witze machen, weil sie nur ein Zugehörigkeitssystem hat, und das will nicht getestet werden. Sie ist extrem vage, weil das Eis, auf dem die Autoritäten aufruhen, in Wirklichkeit sehr dünn ist", sagt Valentin Groebner. Deshalb sei diese Sprache auch anstrengend. „Das ist ihre Schwäche, das macht ihre Brüchigkeit aus, weshalb sie sich so leicht persiflieren lässt."

Vielen innerhalb der Kirche ist bewusst, wie sehr die kirchliche Sprache die Verkündigung erschwert, ja sogar intern schon nerve: „Was die Problematik der kirchlichen Sprache angeht, unterscheidet uns, die wir professionell mit der Kirche verbunden sind, im Vergleich zu normalen Kirchgängern nur ein schärferes und begrifflich artikulierteres Problembewusstsein – aber das Unbehagen an der Sprache ist in der Kirche weit verbreitet", meint Michael Seewald. So ist die Kirche in einem Dilemma: „Einerseits ist eine Kuschelsprache irgendwann intellektuell belanglos, andererseits sind nur intellektuell differenzierende Fachtermini für die Menschen, wenn sie sonntags in die Kirche gehen, auch bedeutungslos."

Noch schärfer fasst die Problematik der kirchlichen Kommunikationsform Jo Reichertz zusammen: „Abholen, Mitnehmen, Mitfühlen, Authentischsein und so weiter – das sind tyrannische Phrasen. Es wird dabei so eine Art Begriffs-Bingo gespielt." Am besten verwende man solche Phrasen, die er auch aus der akademischen Welt kennt, in einem Satz, sagt er mit einem Schuss Zynismus. „Keiner weiß mehr, was gemeint ist, aber es wird geraunt: Hier ist Gemeinsamkeit gegeben, hier bin ich richtig, denn alles ist hier ganz authentisch und sympathisch. Aber am Ende ist es nichts als hohles Gerede." Nicht nur, aber auch die Kirche neigt zur „Phrase unser".

Hinzu kommt: Es mag sein, dass die Kirche eine Zeit lang mit dieser Sprache Erfolge feiern konnte, also vor allem junge Menschen erreichte, die sie sonst verloren hätte. Aber diese Zeit ist lange vorbei. Die Kirche hat sich zu Tode gesiegt. Hohles Gerede erodiert nach und nach die nötige Grundlage der Kommunikation in der Kirche. Diese Sprache kann nicht gut tun, weder in der internen Kommunikation noch in der Kommunikation nach außen. „Denn es ist eine Sprache, die zutiefst in sich brüchig und verlogen ist", sagt Reichertz. Es ist eine Inauthentizität im Namen der Authentizität. „Diese *double binds* zerstören die Vertrauensbasis untereinander." Einer Organisation aber, der es an Vertrauen untereinander mangelt, hat es sicherlich sehr schwer, nach außen zu wirken. Sie zerstört sich langsam selbst.

KAPITEL 12

„Ist es denn wahr?" – Eine zweifelnde Kirche

Die kirchliche Sprache wirkt heutzutage so blutleer, weil sie im Alltag der Verkündigung der vielleicht entscheidenden Frage seit Jahrzehnten ausweicht. Das hat der Schweizer Theologe Karl Barth, der im Protestantismus als der Kirchenvater des 20. Jahrhunderts gilt, ein aufrechter Kämpfer gegen den Nationalsozialismus und der *spiritus rector* der Bekennenden Kirche in Deutschland war, schon 1922 formuliert. Bei einem Vortrag im evangelisch-elitären Internatsgymnasium Schulpforta (oder Pforta) im sachsen-anhaltinischen Naumburg, wo unter anderem Friedrich Nietzsche, Leopold von Ranke und Johann Gottlieb Fichte zur Schule gingen, sagte Barth: Die eigentlich große Frage für die Menschen, die heute in die Kirche kämen, sei doch, ob es denn *wahr* ist, was da alles in der Kirche behauptet wird: von „Christi Blut für dich vergossen" über „Dir sind deine Sünden vergeben" bis zu „Gott ist bei uns alle Tage bis an der Welt End".

Dieser großen Frage, ob es denn wahr ist, was die Kirche von Gott sagt, kann man sich leicht entziehen, und dieser leichte Fluchtweg ist ein Problem. Der Leipziger Homiletiker Alexander Deeg erklärt das so: „Denn wenn ich sage, Gott *will* uns alle trösten, habe ich am Ende nichts gesagt, sondern nur eine leere Behauptung gemacht. Wer sich nicht getröstet fühlt, für den wird es schnell moralisch, denn dann liegt es angeblich an ihm selbst, dass er nicht getröstet wird. Oder man stellt mehr oder weniger resigniert fest: Gott will vielleicht trösten, kann es aber nicht, und vielleicht gibt es ihn ja gar nicht."

Das größte Problem der Kirche gegenwärtig ist deshalb womöglich eine Rede von Gott, die floskelhaft ist und hinter den Floskeln die Hauptfrage verbirgt: „Gott will uns alle trösten" oder „Wir dürfen hoffen, dass Gott mit uns geht an allen Tagen unseren Lebens" – das sind rhetorische Formeln, die zwar ganz gut klingen, aber doch am Ende der Frage aus dem Weg gehen, ob es Gott überhaupt gibt. Theologisch etwas feiner ausgedrückt: Diese gestanzten Sätze entziehen sich der Strittigkeit der Gottesrede in der Gegenwart. Die Kirche hat eine ganze Kultur oder Unkultur der Sprache entwickelt, die der großen Gottesfrage einen Riegel vorschiebt. Diese Art der kirchlichen Sprache beschreibt Gott immer wieder als eine Möglichkeit. Aber an die große Frage, ob das denn alles wahr ist, traut sich die Kirche auch fast hundert Jahre nach Barths Vortrag immer noch nicht richtig heran – oder nur in Nischen, oft auch nur verschlüsselt. Vielleicht kann sie das auch nicht, ohne ihre Existenzgrundlage ins Wanken zu bringen.

Das Problem dabei: Die Kirche ist in einer sich tendenziell weiter säkularisierenden Gesellschaft immer öfter nicht dabei in den verzweifelten Momenten der Menschen, in den, wieder theologisch formuliert, Gottesfinsternissen, die Menschen erfahren. Ausgerechnet in der Kirche finden sie kaum Antworten auf ihre Fragen – weder innerhalb noch außerhalb des Gottesdienstes. Alexander Deeg plädiert deshalb wie viele dafür, dass die Kirche selbst eine zweifelnde, fragende wird: „Wenn Kirche ehrlich wäre, müsste sie sagen: Ob es denn wahr ist, können wir nicht garantieren, aber wir machen uns mit euch, den suchenden, fragenden Menschen auf den Weg." Man müsse vermitteln: „Wir suchen selber, wir fragen selber. Wir sind eine zweifelnde, fragende Kirche, weil wir Gott nicht haben, weil niemand diesen Gott hat."

Ähnlich und mit viel institutioneller Selbstkritik argumentiert auch die Kirchenobere Petra Bahr, in gewisser Weise Karl Barth folgend. Sie erkennt eine Flucht der Kirche vor den großen Fragen – mit Hilfe der Sprache, aber natürlich auch mit Folgen für die kirchliche Sprache: „Man ist auch bestimmte Themen durch die weiche Sprache losgeworden: das Kreuz, der dunkle Gott, die Frage, was nach dem Tod kommt – all diese großen Fragen. Die Kirche hat sich da selber in den vergangenen Jahren verzwergt. Religion ist dann nur noch dazu da, kleine Transzendenzen im Alltag zu ermöglichen, also der Geburt des Kindes oder der eigenen Liebesbeziehung noch etwas geistlichen Schmuck zu geben."

Es ist wohl etwas dran: Die Kirche hat sich in den vergangenen Jahrzehnten nicht mehr zugetraut, das Abgründige, vielleicht Sündige und Gottferne des einzelnen Menschen so zu besprechen, dass diese den Eindruck hatten, es ist gut, dass ihnen mal jemand die Wahrheit sagt oder den Kopf wäscht. Das aber hat gravierende Folgen. Wenn sich die Kirche nicht mehr an die großen Fragen herantraut, wird die eigene Religion und die Sprache schnell kitschig. Dann beklagen die Hörenden einen flachen Sound, der da zu hören ist. Und ob dabei eine alte oder neue Sprache gesprochen wird, ist ziemlich egal.

Die Publizistin Christiane Florin vermutet dahinter am Ende Denkfaulheit: „Für mich ist eine Sprache, die ich als defizitär empfinden würde, auch Ausdruck eines gewissen defizitären Denkens. Da fehlt eine ernsthafte Auseinandersetzung." Mit Formeln wie „Gott ist die Liebe, er liebt auch dich", könne man eine ganze Predigt bestreiten, ohne substanziell etwas gesagt zu haben. Gespräche über die Frage, ob es Gott überhaupt gebe, fänden fast nur privat am Küchentisch statt. Und mit Aussagen wie „Die Hölle ist der Ort größter Gottferne" kann sie, wie viele, nichts anfangen – wichtiger sei doch: Gebe es die Hölle? Und wer sei drin?

Wurde in den vergangenen Jahren in den Kirchen zu viel über die Technik der Verkündigung gesprochen und zu wenig über ihre Substanz? „Ich schäme mich des Evangeliums nicht; denn es ist eine Kraft Gottes, die selig macht alle, die glauben, die Juden zuerst und ebenso die Griechen", schreibt Paulus im Römerbrief (1,16). Hat sich die Kirche etwa in letzter Zeit des Glaubens geschämt? Wer die eigenen Zweifel über Gott eingesteht, steht einer Scham über den Glauben ziemlich nahe. Es ist ein schmaler Grat, den die

Kirche zu gehen hat. Womit wir beim nächsten Kapitel wären: der Angst der Kirche – eine Angst, die sprachlos macht oder es auch schwer macht, die richtigen Worte zu finden.

KAPITEL 13

Was Angst, Kirchenkrise und Sprachkrise verbindet

Wer über die kirchliche Sprache recherchiert, stößt immer wieder auf zwei Stichworte: Krise und Angst – es ist eine Angst, die lähmt, insbesondere die Sprache.

Es gibt eine grundsätzliche und eine vielgestaltige Angst in der Kirche. Die wohl wesentliche Angst resultiert aus dem Bewusstsein, einer bröckelnden Institution anzugehören. Der Impuls liegt dann nahe, so zu reden, dass man ja niemanden vergrault, verschreckt oder verärgert. Das wird dann mit den Formeln legitimiert, dass man ja alle irgendwie mitnehmen müsse, dass man Situationen schaffen müsse, in denen alle irgendwie dabei sind, niemand dürfe verstört oder gestört werden, den man insgeheim zu gewinnen suche – und in einer schrumpfenden Vereinigung will man tendenziell erst einmal alle gewinnen. Das führte zu einer ängstlichen Sprache. Oder zu einer krampfigen, unsicheren und unpassenden Sprache. Es fehlt an Mut.

Die kirchliche Sprache ist deshalb so in Verruf geraten, weil sie Sprachungetümer erschaffen hat, um ihre eigene Uneindeutigkeit oder Unsicherheit zu verbergen. Man verkauft den christlichen Glauben kirchlicherseits vor lauter Selbstzweifel und Ängstlichkeit als eine für alle passende Wellness-Kur, eine Lebenseinstellung, die die Lebensleistung irgendwie steigert – oder schlicht als eine Wellness-Botschaft, die „happy" macht. Das ist natürlich verlogen beziehungsweise bestenfalls eine Seite der Medaille. Um nicht missverstanden zu werden: Alle Christenmenschen und vor allem alle Pfarrerinnen und Pfarrer sollten ihre (gelegentlichen)

Zweifel schon äußern. Sie sollten nur nicht so tun, als ob es diese nicht gebe. Zweifel dürfen innerkirchlich nicht unterdrückt werden, im Gegenteil. Und das gilt auch für die Zweifel über die Institution Kirche. Zweifel an der Kirche sind alles andere als schädlich, sondern der Weg, den die Kirche als „semper reformanda", als eine immer zu verändernde Institution immer wieder nötig hat.

Der Theologe und Dichter Christian Lehnert urteilt, in der Kirche blicke man auf die abnehmenden Zahlen, aber das sei nur *ein* mögliches Kriterium für Qualität. In ihrer Angst seien die Kirchen dauernd damit beschäftigt, strategisch-technisch mit ihrem eigenen Dahinschwinden umzugehen. „Das ermüdet, das raubt Kräfte. Das merkt man der Sprache überall an, überall." Lehnert empfiehlt eine andere Sichtweise und holt etwas aus: Das häufigste sprachliche Fehlverhalten in Kirchen seien eigentlich „fremde Tonfälle": „Tonfälle der Anbiederung an bestimmte Sprechweisen, um Erfolg zu haben." Unsere heutigen Hintergrundbilder sind Lehnert zufolge ökonomischer Natur: Man rechne und zähle alles und komme da kaum raus. Damit aber seien die frühen Christen ganz anders umgangen: „Für die war die Minderheit-Situation geradezu der Ausweis der Besonderheit." Also, keine Angst vor der Minderheit, wenn diese zugleich ihre Offenheit bewahrt.

Fulbert Steffensky, der schon in den Sechzigerjahren die legendären „Politischen Nachtgebete" mit geprägt hat und bis heute so viel in seiner Kirche gesehen hat, scheint angesichts der prognostizierten Halbierung der Zahl der deutschen Christinnen und Christen sowie halbierter Einnahmen bis 2060 ebenfalls relativ gelassen. Denn auch dies sei dann die Zeit Gottes, selbst wenn nur noch ein Viertel der Bevölkerung christlich sei. „Ich bin nicht so bekümmert, vor allem weil ich mich schon lange von der Idee verabschiedet habe, es habe einmal ein christliches Abendland gegeben", sagt er. Angesichts der Verbrechen im Namen des Christentums und durch Christen habe es das christliche Abendland nie gegeben, insofern müsse man auch nicht traurig sein, wenn es fort sei. „Nein, da bin ich nicht pessimistisch."

Dennoch: Es gibt ja die Angst in der Kirche, es gibt eine Kirchenkrise und eine Sprachkrise, und sie sind zu einem fast unentwirrbaren Knäuel verknotet. Es gibt einen Zusammenhang zwischen der Krise der Kirche und der Krise ihrer Sprache. Die Kirchenkrise, die viele empfinden, artikuliert sich als Sprachkrise. Eine unklare Sprache ist auch darauf zurückzuführen, dass sich die Kirche ihrer Rolle unklar geworden ist. Im Augenblick scheint es so, dass die kirchliche Sprache die wenigen Milieus, die noch zur Kirche halten, eher stabilisiert – während sie für viele andere keine Möglichkeit des Ausdrucks und der Verständigung ist. Aber könnte die Kirchenkrise nicht auch zu einer heilsamen Verstörung von Sprache führen, wie manche hoffen? Vielleicht muss die Kirche erkennen, dass sie ihre Sprache noch einmal neu lernen muss. Die Kirche muss eine „Reformation" wagen, die aller Voraussicht nach scheitern wird, wenn es nicht auch eine sprachliche ist. Alexander Deeg meint: „Wenn das produktiv wäre, könnte die Kirchenkrise auch ein Aufbruchsmoment sein: Lasst uns noch einmal neu nach Sprache fragen." Die Krise als Chance also. Das klingt etwas abgenutzt, aber historisch findet eine zukunftsträchtige Erneuerung ja häufig in oder nach Krisen statt.

Thies Gundlach sagt – was ein wenig erstaunlich ist, denn qua Amt müsste er eigentlich eher Optimismus verbreiten –, es herrsche „mitunter eine tiefe Sprachlosigkeit in der Kirche, über weite Strecken auch in ihrer Verkündigung". Beim Reformationsjubiläum 2017 etwa habe man gemerkt, dass es zwar viele neue, gute Formate außerhalb der vertrauten Wege gab; aber wie man heute von Herz zu Herz spreche oder von Glaube zu Glaube, das sei nicht einfach gewesen. „Dass das Evangelium etwas sagt, was andere nicht sagen, dass es eine innere Freiheit ermöglicht – diese Botschaft haben wir nicht immer vermitteln können." Und knallhart formuliert er: „Wir nutzen gestanzte Sprachhülsen, weil wir keine neue, kraftvolle Sprache finden." Aber das sei ja auch das Schwerste, eine neue, eigene Sprache für Gott und sein Geheimnis zu finden.

Wer Angst davor hat, auch mal anstößig zu sein, dessen Sprache wird konturlos. Niemand darf vor den Kopf gestoßen werden, alles wird sprachlich so lange gemangelt, bis alle es irgendwie verstehen und niemand mehr widerspricht – aber das ist der erste Schritt zur Langeweile. Es ist kein Zufall, dass Synodentagungen häufig zu quälend langweiligen Veranstaltungen ausarten, und das liegt nicht nur an den bürokratisch-parlamentarischen Abläufen, die dort notwendig sind. Es gibt wohl eine Angst in der Kirche, dass niemand sie mehr lieb habe. Und diese Angst ist ja nicht ganz unbegründet in einer Gesellschaft, wo Glaube, Kirche und Gott, gerade im weitgehend säkularisierten Osten des Landes, einen sehr schweren Stand haben. Man spricht dort von einem Traditionsabbruch in den vergangenen Jahrzehnten, denn es wächst nun schon die dritte oder vierte Generation heran, die weder mit Kirche noch mit deren Sprache irgendetwas zu tun hat.

Man kann womöglich schon allein die Diskussion der Kirche über ihre Sprache, ja vielleicht sogar dieses Buch selbst, als ein Krisenphänomen deuten – so wie es auch ein schlechtes Zeichen sein mag, dass die Kirchen dauernd von außen Rat einholen, was sie denn jetzt wohl falsch machen. In einer Institution, in der die Sprache, die Verkündigung und das Gespräch zum Wesen gehört, also das Sprechen und Ansprechen, ist Rat- und Sprachlosigkeit alarmierend. Vielleicht hat Christiane Florin recht, wenn sie die Diskussion über die kirchliche Sprache selbst als eine Art Ablenkungsmanöver sieht: „Diese ganze Diskussion um Sprache ist oft die Vermeidung des Gesprächs darüber, was wirklich geglaubt wird – und vor allem, was nicht geglaubt wird." In der katholischen Kirche, ihrem Spezialgebiet, gehe es dabei vor allem um das, was geglaubt werden soll, aber nicht geglaubt werde. Denn wer glaube etwa noch, dass Jesus Gottes Sohn sei. „Das kann ich mit dieser Sprache schön bedecken."

Streit und Zweifel sind auf der Kanzel zwischen Theologen

nicht erwünscht, noch weniger in der Verkündigung, die ja vor allem den Zweck hat, Menschen zu bestärken und aufzurichten. Aber ist eine Kirche ohne Zweifel überhaupt denkbar? „Wo man der Zweifel nicht fähig ist, ist man auch der Wahrheit nicht fähig", meint Fulbert Steffensky. Trost und Bestärkung gäben nicht alle Worte, nur bestimmte – und der große Theologe und Seelsorger bietet zwei Fragen an, um sich darüber klar zu werden, welche: „Haben sich diese Worte durch das Gestrüpp des Alltags gewagt? Sind es verwundete Worte – oder sind es glatte Worte?" Das erinnert stark an Papst Franziskus, der gefordert hat, die Kirche müsse den Geruch ihrer Schafe annehmen, sie solle verbeult vom Leben sein und gleiche am ehesten einem Krankenlazarett.

Es spricht einiges dafür, dass die Krise der Kirche und ihre Sprachkrise auch Resultat einer Krise des Glaubens und des Gottesgedankens in der deutschen Gesellschaft insgesamt ist – wo der Glaube und die Frage nach Gott kein Bedürfnis mehr ist, rutscht die Kirche fast automatisch in eine Relevanzkrise. In dieser Situation gibt es einige Kirchenleute, die fordern, die Kirche solle stellvertretend für die Gesellschaft den scheinbar nicht mehr nötigen Glauben über die Zeiten tragen, mutig und ohne sich einschüchtern zu lassen. Auch wenn die kirchliche Sprache so starke Defizite hat, wie beschrieben, ja manchen erschöpft zu sein scheint, so hat sie wie die Kirche insgesamt zweifellos die Funktion, religiöse Wissensbestände und Rituale am Leben zu erhalten.

Ganz konkret macht Thies Gundlach vom Kirchenamt in Hannover die Angst in der Kirche bei der Theologen- und Pfarrer-Generation aus, die etwa in den Sechziger- oder Siebzigerjahren geboren ist und nun den relativen Niedergang ihrer Institution erlebt: „Diese kleine Münze ist fatal: Man sieht, es werden immer weniger Leute im Gottesdienst. Meine Veranstaltung zieht nicht mehr so viele an, ja langsam werden es immer weniger in den vergangenen 15 Jahren, obwohl ich mich doch so anstrenge."

Gundlach benutzt für dieses Phänomen ein typisch kirchliches Wort – aber es passt hier sehr gut: „Die Babyboomer in der Kirche sind da angefochten. Sie haben viel gearbeitet, haben viel Neues gewollt.“ Aber dann merkten sie am Ende ihrer Berufstätigkeit: „Es wird dennoch alles immer weniger. Das ist eine Spannung in der Seele.“ Da könne er gut verstehen, dass man der Versuchung nachgebe, um jeden Preis das Abschmelzen zu verhindern. „Dann passt man sich an das Erwartete an. Dann wird die Sprache so. Dann wird die Haltung so.“ Immerhin hat Gundlach eine Empfehlung für seine Kirche angesichts ihrer Krise: „Im Kernbereich des Glaubens, da lasst uns anstößig sein, da wagen wir überraschende Formulierungen, da reden wir von Gott in einer Weise, dass man auch mal verdutzt, enttäuscht oder ärgerlich werden kann.“ Und da Kirchenleute daran gewohnt sind, eher in Jahrzehnten oder gar Jahrhunderten zu denken, ergänzt er angesichts der vielen Krisen der Kirche, zu der auch die Sprachkrise gehört: „Aber es wird auch wieder anders – wie es immer wieder anders geworden ist in der Geschichte.“

Ist das Schönbeterei? Der Leipziger Theologe und Dichter Christian Lehnert jedenfalls sieht die Krise ebenfalls recht entspannt: Krise? Das seien eben Pendelschläge, die ganz natürlich seien, das könne man in der Geschichte sehen. Er verweist auf Martin Luther, der gesagt habe, dass der Geist wie ein Regen falle, manchmal wie ein Platzregen. „Manchmal gibt es Zeiten der Dürre – und in so einer Zeit der Dürre sind wir vermutlich gerade.“ Er glaube aber weiter an die Kirche. „Das wird sich wieder geben. Möglicherweise in Gestalten und Formen, mit denen wir jetzt noch nicht rechnen.“

Lehnert gibt dafür Beispiele: „Wo der Geist ist, entsteht Kultur, eine äußere Gestalt – dazu gehören auch Krankenhäuser und Sozialstationen. Und Sprache ist davon ein Teil.“ Außerdem, sagt Lehnert, sei Kirche sowieso ein Geschöpf der Krise. Denn in dem Augenblick, in dem das Undenkbare in die Welt einbreche, stehe fundamental in Frage, was ist und was besteht. „Wo Kirche ist, ist Krise“, sagt er, und das dürfte das schillerndste Bonmot dieses Buches sein. Lehnert geht sogar noch einen grundsätzlichen

Schritt weiter: Wenn Kirche eine Gestalt finde, wo also Ordnung sei und sie sich sicher sei, stimme womöglich etwas nicht. Die Begründung: „Weil ihre Identität nicht in ihr selbst liegt, weil sie das nicht hat, weil das, was sie formt, noch aussteht. Jesus nennt es das Reich Gottes. Es steht aus. Es ist eine Bewegung dorthin."

Klar ist, dass es sowohl mit der Kirche wie mit ihrer Sprache nicht mehr so weiter geht wie bisher. Insofern ist durchaus ein Lob der Krise zu singen, denn sie bringt alle Sicherheiten ins Wanken, gibt den Raum zu einem Neuanfang, zumindest zu neuen Versuchen, und sei es aus Angst oder Panik. Dazu ist Leidenschaft nötig, auch religiöse Leidenschaft. Es ist interessant, dass gerade sehr fromme Gruppen auch Spracherneuerer waren wie etwa die Pietisten oder der große Kirchenliederdichter Paul Gerhardt (1607–1676), dessen Lieder noch heute gesungen werden. Er war ein so eifriger Lutheraner, dass ihm selbst die reformierte, calvinistische Form des Protestantismus als Abfall vom Glauben erschien und er für diese Überzeugung seine Entlassung als Pfarrer im brandenburgisch-kurfürstlichen Dienst in Kauf nahm. Es ist zu lernen: Es sind nicht unbedingt die Sanftmütig-Kompromissbereiten, die eine starke neue Sprache erschaffen, auch nicht in der Kirche.

EXKURS: Das Unsagbare sagen

Die kirchliche Sprache muss mit einem Paradox leben: Sie muss das, was jenseits aller Beschreibung liegt, beschreiben. Sie muss das, was unsagbar ist, sagen. Sie stößt immer an die Grenze der Sprache und des menschlichen Denkens, denn „deus semper major", wie es in der Kirchentradition heißt: Gott ist immer größer.

Es ist bezeichnend, dass ein Sprachkünstler, der vielfach ausgezeichnete Dichter und Theologe Christian Lehnert, die beste Analyse dieses Dilemmas der kirchlichen Sprache liefert. Es sei schon so, dass sich Gott inkarniere in einer Sprache. Aber die sei verwechselbar und unbeweisbar, es sei eben Gotteswort in Menschenwort. Deshalb werde das kirchliche

Sprechen nicht eigentlich durch die genutzten Worte religiös, sondern eher durch die Motivation, durch einen Sog, der entstehe: „Es ist ein Sprechen auf etwas hin."

Insofern zeigt Lehnert auch eine gewisse Gelassenheit, was die Unzulänglichkeiten der kirchlichen Sprache angeht. Er verweist darauf, dass die Rede von Gott nach biblischem Vorbild auch ein Jubel sein könne, selbst ein Zungenreden, bei dem zwar Worte zu hören seien, die aber keinen offensichtlichen Sinne mehr hätten. Das Scheitern bei der Rede über Gott ist dem Christentum von Anfang eingeschrieben, selbst bei Aposteln: „Paulus war kein Rhetoriker. Er war nicht eloquent." Die Briefe des Paulus seien keineswegs im allerbesten Griechisch. In manchen Situationen könne man eben nicht eloquent sein. Aber bei der Auseinandersetzung mit dem Text entstehe eine neue Sprache. „Eine Sprache, die sich selbst nicht mehr so sicher ist."

Die kirchliche Sprache kleidet Gotteswort in Menschenwort – und angesichts dieses Dilemmas, oder dieser Absurdität, ist der trockene, selbstironische Witz ganz gut, den Thies Gundlach aus dem Ärmel schüttelt: „Dafür, dass der Glaube eigentlich das Unbeschreibliche anspricht, wie auch der Theologe Gerhard Ebeling sagt, haben die Protestanten doch ganz schön viele Worte gefunden." Aber so sehr sich die Theologie, Liturgie und Seelsorge auch bemüht, es bleibt sicher etwas, was nicht sagbar ist. Besonders deutlich wird dies etwa bei Trauergottesdiensten, wenn jedes Wort schon zu viel erscheint. Das entbindet jedoch nicht von der Mühe, das gut zu sagen, was sagbar ist, zumal der christliche Glaube ja den Vorteil hat, dass er sich auf einen Menschen und seine Worte, wenn auch sehr spät nach dessen Tod und sehr kreativ in den Evangelien überliefert, berufen kann.

Aber was bedeutet es eigentlich, wenn die Kirche sagt: „Gott ist die Liebe. Gott liebt dich." Wenn dies mehr sein sollen als Floskeln oder Phrasen, muss viel Gedanken- und Formulierungskraft aufgebracht werden, sonst bleiben diese Worte hohl. Wie kommt man, auch sprachlich, etwa aus dem Theodizee-Dilemma heraus, dass Gott zwar die Liebe und allmächtig sein soll, aber selbst bei Kindern so viel Leid ist, an dem niemand schuld ist? Oder: Warum solle man Gott bei Gutem, was man erfährt, danken, aber nicht anklagen bei Schlechtem, was man erlebt. Oder auch: Was bedeutet Auferstehung oder Erlösung von den Sünden? Das ist sprachlich nicht oder kaum zu meistern.

Die religiöse Sprache ist immer in der Krise, denn sie reicht nie, sie bleibt immer unzulänglich, sie landet immer an den Grenzen des Sprechens. Es geht immer um einen Raum jenseits des Sagbaren, des Begreifens oder Verstehens. Es mag sein, dass andere Religionen damit leichter umgehen können, aber das Christentum, vor allem der wortlastige Protestantismus, tut sich damit sehr schwer.

Angesichts dieser Schwierigkeit: Wäre vielleicht Schweigen die angemessenere Form der Annäherung an das große Mysterium Gott? In diese Richtung gehen schon einige Kirchen, ja Kirchen sind häufig die letzten Orte, in denen überhaupt noch gemeinsam und länger, manchmal minutenlang, geschwiegen wird – und wenn gesprochen wird, dann eben doch mit wohlgesetzten Worten, zumindest im Idealfall. Dazu später mehr.

Die Kirche darf nicht versuchen, Gott irgendwie in den Griff zu bekommen, auch nicht durch Worte. Der Glaube ist eher ein Denken in Bildern, das gilt selbst für die Theologie, etwa in der Trinitätslehre, wo durchaus mit Bildern, Symbolen und Farben das Unsagbare, aber Erahnte geschildert wird. Das ist auch nicht unbedingt ein Widerspruch in sich, denn nur so wird man der Unverfügbarkeit Gottes gerecht. Es ist kein Zufall, dass das Schweigen und Staunen über Gott seit rund 2.000 Jahren vom Christentum eingeübt wird – in manchen Schweigeklöstern verschreiben sich Männer und Frauen dieser Übung ihr ganzes Leben lang.

Aber natürlich kann das nicht alles sein. Das Schweigen in der Kirche, die ja so viele Worte macht, ist wichtig – und sollte vielleicht noch wichtiger werden, als ein bedeutender religiöser Ausdruck, der die kirchliche Sprache sicherlich intensivieren könnte. Aber zugleich kann das Schweigen, können Orte der Stille, der Pausen und Unterbrechungen, nur ein Teil der Lösung sein, ein Allheilmittel ist all das nicht. Petra Bahr sagt dazu sehr schön: „Wenn man über das Sprechen redet, muss man über die Pausen zwischen den Worten reden. Ich würde eher die Pausen vergrößern und die Worte verkleinern." Der evangelische Theologe Rudolf Bohren hat einen ähnlichen Gedanken schon vor mehr als vierzig Jahren so beschrieben:

„Wer zu viel Worte macht, verrät Unsicherheit. Wo man Gottes nicht recht gewiß ist, wird man wortreich."

Im Judentum wird der Name Gottes aus Ehrfurcht – und um dessen Unverfügbarkeit zu betonen – nur umschrieben, nicht direkt ausgesprochen. Geschrieben wird er, wenn überhaupt, nur verfremdet, also zum Beispiel mit „G'tt". Das ist keine schlechte Lehre: Wer zu viel und zu selbstsicher von Gott redet, bei dem oder der kann es nicht schaden, erst einmal genauer hinzuschauen, wen man da vor sich hat. Gott dürfte eher nicht der Kumpel von nebenan sein.

Schweigen ist also häufiger angesagt. Aber es gibt auch ein schädliches Schweigen. Vor allem in der katholischen Kirche wurde viel zu lange geschwiegen, und zwar über die sexualisierte Gewalt, die es Jahrzehnte lang in ihr gab. Schweigen ist also in der Liturgie angebracht – außerhalb von ihr ist das Schweigen eher von Nachteil. Das gilt auch für den Reformprozess, in den sich die katholische Kirche in Deutschland mit dem „Synodalen Weg" begeben hat. Gerade die Reaktionären in der Kirche halten schon diese Gespräche zwischen Bischofskonferenz und dem Zentralkomitee der deutschen Katholiken (ZdK) für das Vorspiel einer Spaltung. Dazu sagt der Mainzer Bischof Peter Kohlgraf: „Spaltung haben in die Kirche nicht Gespräche gebracht, sondern die Verbrechen, die Vertuschung, unmögliches Machtgebaren und der mangelnde Wille, sich der eigenen Realität zu stellen, und die Meinung, man wisse schon immer, was für andere gut und richtig sei."

KAPITEL 14

Ein Aufbruch in der Predigtkultur

Wenn die Kirche spricht, dann tut sie das klassischerweise vor allem in der Predigt – und in der Predigtkultur sind die meisten Bemühungen zu beobachten, an der kirchlichen Sprache etwas zu verbessern. Es gibt zum Beispiel Predigthilfen, aus denen man Anregungen für eine bessere Predigt erhalten kann – aber wer nur aus ihnen seine Predigt zusammenzimmert, kommt natürlich nicht weit. Viele Predigten bleiben lieb- und gedankenlos, und das liegt auch daran, dass es bei ihnen so gut wie keine Qualitätskontrolle gibt, sieht man mal von der Abstimmung mit den Füßen ab, wenn immer mehr Gemeindemitglieder dem Gottesdienst fern bleiben, weil der Pfarrer, die Pfarrerin nicht predigen kann.

Wenn es um die Predigtkultur geht, ist ein Zauberwort in den vergangenen Jahren immer wichtiger geworden: Authentizität. Das heißt, der Predigende, ja die Kirche an sich müsse authentisch sein – dann sei die jeweilige Form nicht mehr so entscheidend. Das ist so richtig, dass die Authentizität mittlerweile fast schon eine Platitüde geworden ist. Christiane Florin spottet: „Jede Bratwurst muss authentisch sein, jeder Pfarrer muss auch authentisch sein." Andererseits sollte man natürlich in der Kirche mehr Authentizität erwarten als etwa in der Politik, die Maßstäbe sind höher. Denn in der Kirche muss doch gelten: „Das ist jetzt die Person dort, nicht nur die Rolle."

Die Verkündigungssprache und noch genauer die Predigtsprache ist noch einmal ein ganz eigener Duktus der kirchlichen Sprache, und sie steht vor einem Problem: Sie muss umgehen mit der ererbten Sprache der Bibel, sie lebt auch von der Tradition und von alten, sie umrahmenden Liedern, die manchmal sehr schön, aber oft nur noch schwer verständlich sind. Wie kann man vor diesem Hintergrund Herz und Verstand der modernen Menschen erreichen, ja sie vielleicht sogar existenziell berühren?

Christian Lehnert empfiehlt eine gewisse Gelassenheit gerade bei der Predigt, die nicht immer ganz klar sein müsse – beziehungsweise in einer anderen Weise klar sei. Denn klar zu sprechen, das müsse man nicht daran messen, ob eindeutige und klare Informationen vermittelt worden seien, sondern eher auf einer Erfahrungsebene. Bei einer starken Erzählung von Kafka etwa wisse man nicht unbedingt, was er von einem wolle. „Aber glasklar ist das. Glasklar auf einer anderen Ebene, nämlich auf der Ebene des Gefühls, des Empfindens, des Erfahrens." So werde die ideale Predigt als glasklar erlebt. Aber man sei danach nicht an dem Punkt, an dem man sage, „mit dieser Botschaft gehe ich jetzt nach Hause", sondern mit dem Gefühl, „ich müsste jetzt eigentlich weiter sprechen", „jetzt bin ich gefragt". Das alles ist übrigens nicht nur ein wohliges Gefühl, auch der Verstand sei beteiligt, es sei ein reflektiertes Gefühl. „Dass man berührt, bewegt ist, eine bewegende Predigt. Das ist nicht nur Gefühl." Die ideale Predigt sei die, bei der der Zuhörer am Ende vor der Aufgabe stehe, seine eigene Predigt zu formulieren. „Selbst zu sprechen."

Angesichts des weit verbreiteten Bewusstseins in der wortverliebten evangelischen Kirche, hier ein Problem zu haben, hat es in den vergangenen Jahren in dieser Sparte der kirchlichen Sprache, der Predigt, Neuerungen oder zumindest den Versuch von Innovationen gegeben. Es geht vor allem darum, raus aus den Konventionen, Phrasen und floskelhaften Begrifflichkeiten zu kommen, damit das passiert, was Lehnert und sein Kollege Alexander Deeg in ihrem innovativen Leipziger Homiletik-Institut so beschreiben: „Es tönt irgendetwas von der Kanzel. Es predigt – aber dahinter ist nichts: Kein Ich, das sich engagiert äußern würde." Die ich-bezogene Predigt, dass also der Pfarrer oder die Pfarrerin das

„Ich" wagt, statt sich hinter althergebrachten kirchlichen Floskeln zu verbergen, kann ein Weg zu einer besseren kirchlichen Sprache sein. Die Schwierigkeit dabei ist aber, wie Deeg es beschreibt, dass Sprachformeln und Floskeln den Prediger, die Predigerin schützen, es ist der einfache Weg: „Wenn ich mich sprachlich nach vorne wage, etwas Neues oder ‚Ich' sage, ist es immer ein Wagnis. Aber diesem Wagnis kann ich nicht entgehen."

Ein zweites Problem der heutigen Predigtsprache nennt Deeg ein historisch bedingtes „Überkorrektur-Phänomen": „Wenn man sich heute Predigten aus den Fünfzigerjahren anhört: Die sind für uns unerträglich geworden. Sie sind unglaublich autoritär, begrifflich und voller hingestellter Botschaften." Insofern war es folgerichtig, dass man sich später von dem entfernen wollte: „Dass man davon weg wollte, dass man das Einfühlsame, Hinhörende, Wahrnehmende und so weiter betonte und die Botschaft nicht sofort liefern, sondern sie mit der Gemeinde entdecken wollte, ist doch klar." Aber an dieser Stelle könne es zu einer Überkorrektur gekommen sein. „Wir müssen aus dieser Schleife wieder heraus in eine neue Richtung. Und hier und da sehen wir die auch."

Deeg verweist auf die politische und prophetische Predigt, die man etwa in den USA oder Südafrika noch erlebe, während man aus naheliegenden Gründen in Deutschland nach den Erfahrungen einer Überwältigungsrhetorik in der NS-Zeit da sehr skeptisch sei. „Aber Predigten, die auch politisch etwas wollen, wären meines Erachtens wichtig. Vielleicht ist da eine Korrekturschleife mal wieder nötig." Der oder die einfühlsame Prediger/in der Liebe sei heutzutage dominant in der Kirche. „Aber die anderen Prediger-Typen, also der hysterisch-freie, der intellektuell-distanzierte und der zwanghaft-überwältigende, frei nach dem Psychoanalytiker Fritz Riemann, sind auch noch nötig", meint Deeg. Vielleicht sind die Begriffe, die der Homiletik-Experte hier wählt, etwas gewöhnungsbedürftig – aber einen „zwanghaft-überwältigenden" Prediger würde man schon ganz gern mal erleben.

Und es gibt Aufbrüche in der Predigtkultur; das Manko wurde, gerade in der evangelischen Kirche, erkannt. So wurde 2009, auch im Hinblick auf das Reformationsjubiläum 2017, das Zentrum für evangelische Gottesdienst- und Predigtkultur in Wittenberg gegründet, dessen erster Leiter Deeg war. Das Zentrum liegt im Cranach-Hof direkt am Markt. Deeg hat mit seinem Kollegen Martin Nicol das Konzept einer „Dramaturgischen Homiletik" entwickelt, dessen Ziel es ist: „Nicht reden über den Glauben, sondern im Glauben, im Vollzug des Glaubens, des Suchens, Fragens oder Zweifelns." Und auch wenn es noch viel Altes und Langweiliges in der kirchlichen Sprache gebe, sagt Deeg, so gebe es in den letzten 15 oder 20 Jahren auch einen „homiletischen Aufbruch", nämlich anderes, deutliches und klares Reden. „Es gelingt doch vielen in der kirchlichen Rede, klar zu sein, nicht vorsichtig, nicht zurückhaltend, nicht ängstlich, Ich-Botschaften zu senden und sich nicht zu verstecken, sondern anzuecken."

Das ist gut gedacht und schön gesagt. Aber natürlich lauert auch hier die Gefahr, dass die Pfarrerinnen und Pfarrer zu viele Ich-Botschaften verbreiten, auf der ständigen Suche nach Authentizität. Auch davor warnt Deeg: „Es gibt diejenigen, die in fast unendlichen Schleifen von sich erzählen und dabei bleiben." Eine solche pastorale Selbstbespiegelung ist ermüdend, das will niemand hören. „Aber ein exemplarisches und damit offenes Ich zu hören, das halte ich für unausweichlich, weil Glaube nur in existenzieller Betroffenheit ansteckend wirkt, und nicht in einer angeblichen Objektivität, die woanders läge." Man muss also der Betroffenheitskultur nicht folgen. „Aber eine Sprache, die bereit ist, exemplarisch zeugnishaft zu sein, die halte ich für wesentlich dafür, wie wir von Gott und dem Glauben reden."

KAPITEL 15

Der nötige Wandel der kirchlichen Sprache

Wir haben versucht, die kirchliche Sprache zu beschreiben, ihre Herkunft und Milieus erläutert, die Vor- und Nachteile dieser Sprache ergründet – und stehen nun vor der Frage, wie ihre Zukunft aussehen könnte. Und was man tun könnte, um die kirchliche Sprache wieder zum Glänzen zu bringen. Welcher Wandel wäre nötig?

Die Kirche hat sich immer gewandelt, sie wandelt sich seit 2.000 Jahren, manchmal schnell und deutlich, manchmal langsam und kaum vernehmbar beziehungsweise nur im Nachhinein erkennbar. Und mit diesem Wandel wandelt sich natürlich auch die Sprache. So ist beispielsweise die Idee oder Theologie eines vor allem herrschaftlichen und strafenden Gottes stark in den Hintergrund gerückt, was auch Auswirkungen auf die kirchliche Sprache hat. Der barmherzige und zugewandte Gott wird nun besonders betont. Wer vom rechten Weg abgekommen ist, so wird immer wieder versichert, darf auf einen gnädigen Gott hoffen. Auch die katholische Kirche hat in diese Richtung die dunklen Seiten der Bibel ein wenig aufgehellt, nicht zuletzt sprachlich. Viele Psalmen, die davon sprechen, dass Gott die Feinde des Volkes Gottes zerschmettern möge, werden kaum mehr gelesen oder so lange interpretiert, bis von der blutrünstigen Aussage kaum noch etwas erkennbar ist. Das hat seinen wichtigen historischen Grund. Denn viel zu lange hat gerade die katholische Kirche die Zucht und den Gehorsam ihrer Gläubigen durch Drohungen sicherstellen wollen. Gut, dass diese Zeit im Großen und Ganzen vorbei ist.

Aus der Drohbotschaft ist wieder eine Frohbotschaft geworden, wie es katholische Reformkreise vor ein paar Jahren ausgedrückt haben. Gleichwohl ist nicht nur in der Kirche, sondern auch in der Gesellschaft vielerorts eine gewisse Müdigkeit mit einer Sprache zu beobachten, in der Konflikte nicht benannt werden, in der immer Verständnis geheuchelt wird und der es an Klarheit mangelt. Jo Reichertz beschreibt diese Entwicklung so: „Es bilden sich derzeit Gegenbewegungen zur uneigentlichen Sprache, gerade bei Jugendlichen. Sie wollen wissen, was der andere von einem denkt.“ Ob dies als ein gesamtgesellschaftlicher Trend zu beschreiben ist, wäre abzuwarten, aber sicherlich gibt es eine solche Sehnsucht an vielen Stellen: „Nach meinem Eindruck gibt es ein starkes Bedürfnis nach einer ordentlichen Sprache, die sagt, was sie meint, die ernst zu nehmen ist. Denn das uneigentliche Sprechen der *double binds* nimmt ja keiner mehr ernst.“

Zugleich existiert, wie ebenfalls schon beschrieben, eine Zersplitterung der Milieus (oder Echoräume), in die nicht nur, aber auch die Kirche mit ihrer Botschaft und ihrer Sprache wirken muss; diese Entwicklung wird sich, folgt man den Einschätzungen der Fachleute, aller Voraussicht nach in den kommenden Jahren sogar noch verstärken. Die fundamentale Botschaft des Glaubens hat sich in den vergangenen Jahrzehnten nicht geändert und wird sich auch nicht ändern. Es ist der Glaube an den dreieinigen Gott, an Jesus Christus, der sich den Menschen als Mensch geoffenbart hat. Es ist die Erlösung durch Christus und das Kreuz – und all die Folgen, die ein solcher Glaube im Alltag haben kann oder soll. Aber der Raum, in den diese Grundbotschaft hinein gesprochen werde, hat sich eben grundlegend geändert, bringt es Bischof Overbeck auf den Punkt. „Es ist ein Raum der Polyphonie geworden – das ist eine ganz andere Verkündigungssituation als noch in den Fünfziger- oder Sechzigerjahren. Die Explosion der Formen von Wahrheits- und Wirklichkeitswahrnehmung hat das Leben auf so vielfältige Weise verändert, dass das sofort Resonanzen hat auf die Menschen selbst.“

Ohne eine Reflexion auf die, für die er spreche, meint der Bischof, könne er nicht mehr sprechen oder formulieren. „Je nach dem Status des Hörenden entspricht meine Botschaft dann dem, was derjenige hören kann oder will – oder meine Rede erzeugt genau das Gegenteil." Mit dieser Form der „Vervielfältigung von Resonanzen" müsse man heute bewusst leben. Man sollte damit auch mutig umgehen, um einen größeren Raum von „allgemeiner Resonanz" zu erzeugen. „Denn sonst – das ist die extremste Gefahr von religiöser Sprache – würden wir sie scheinbar so vereindeutigen, dass sie am Ende nur noch Ideologie und Sekte ist. Das ist zu vermeiden."

Die Kirche weiß immer weniger, wem sie predigt, an wen sie sich in vielen anderen Orten außerhalb des Kirchenschiffs wendet und was dann eigentlich der richtige Tonfall wäre. Selbst die einzelne Gemeinde wird immer diffuser, komplexer und vielschichtiger. Hinzu kommt, dass es in Zukunft wegen Pfarrermangels immer größere Pfarreien geben wird. So war ursprünglich geplant, dass die ganze Stadt Saarbrücken im Zuge eines Reformprozesses im Bistum ab Anfang 2020 nur noch eine einzige katholische Großpfarrei sein sollte. Sie wäre dann die größte Pfarrei Deutschlands mit rund 99.000 Katholiken. Und auch wenn der Vatikan in letzter Minute diese Reform stoppte: Wie soll eigentlich irgendein Pfarrer in solch riesigen Gemeinden mit einer völlig diffusen Schar von Gläubigen im Gottesdienst noch irgendwie den richtigen Ton finden? Auch in der evangelischen Kirche wird es wegen des vorhersehbaren Pfarrermangels in vielen Regionen immer größere Pfarrgemeinden geben – in manchen Gegenden Brandenburgs etwa muss die einzelne Pfarrperson schon jetzt fünf oder mehr Kirchen betreuen. Es scheint so, als ob es angesichts dieser Entwicklungen sogar immer schwerer werden könnte, als Kirche eine Sprache zu finden, die alle erreichen kann.

KAPITEL 16

Ausweg Poesie?

Was könnte ein Ausweg für die Kirche sein, um aus ihrer eigenen, ghettohaften Sprache ausbrechen zu können? Mehr in Bildern zu sprechen? Vielleicht sogar poetischer?

Religiöse Sprache ist mehr als der Austausch von Information. Gebete können ganz kurz sein und brauchen sicherlich keine heimlichen Aufforderungen etwa an die Politik, die Kirchenleitung oder die Gemeinde. Die religiöse Rede kann einen poetischen Raum erschließen. Sie könnte Platz schaffen, damit die Gemeinde, nicht das Publikum, selbst zum Beten, Sprechen, Denken oder Herumschweifen der Gedanken kommt. Das Problem dabei ist natürlich, dass nicht jede und jeder poetisch reden kann. Es gibt wenige Menschen wie etwa Paul Gerhardt oder Christian Lehnert, die das konnten oder können – aber halten diese poetischen Formulierungen dann mehr als eine Generation? Ist das egal, weil sie ins Heute gesprochen sind? Manche Gedichte, Predigten und Lieder, die einst Menschen bewegten, versteht man heute nicht mehr. Oder sie bewegen nicht mehr. Die Idee, „mehr Poesie zu wagen", ist gewagt.

Mit einer gewissen Vorsicht spricht sich dennoch Alexander Deeg für einen poetischeren Ansatz bei der Predigt aus. Er erinnert an große Vorbilder: „Große Schriftsteller haben von Gott geschrieben, ohne Jesus zu nennen oder den Namen Gott explizit zu verwenden, etwa bei Kafka mit seiner Aufforderung ‚Geh' hinüber!' Oder Rilke, der schreibt, zwischen ihm und Gott stehe eine Wand aus seinen Bildern von Gott. Aber natürlich drohe da die „kirchliche Kitsch-Falle“. „Wir reden ja manchmal, wenn wir gut sein wollen, pseudo-poetisch.“

Eine Predigt sollte nur in den seltensten Fällen wie eine lange Ballade, ein langes Gedicht anmuten. Wenn die Bilder konventionell, schief oder schlicht kitschig werden, etwa im Sinne einer Licht-Metaphorik und den „Spuren im Sand“, läuft etwas schief. Deeg empfiehlt eine Sprache, die sich selbst nicht so sicher gibt. Er verweist auf ein Gedicht von Richard Exner, das er aus dem Kopf so zitiert: „Vielleicht flösse / das Licht fließender / wenn wir stockender / sprächen.“ Er meint: „Wir würden Neues entdecken, wenn wir immer wieder inne halten würden und so zu einer neuen Spräche fänden.“ Der Versuch einer poetischen kirchlichen Sprache ist gerechtfertigt: „Dichterische Sprache heißt ja, dass es Gott nicht jenseits unserer Rede von ihm gibt, er also immer auch Produkt unserer Sprache ist – das ist eine große Idee.“

Christiane Florin ist nicht wirklich überzeugt von der Idee von „mehr Poesie“. Wenn man damit an die Uni ginge, hätte man ganz viele dichtende Pastoralreferentinnen und -referenten, und: „Es muss doch jemand können!“ Poesie gehe eben oft schief. „Es ist wie die sprichwörtliche malende Zahnarztgattin.“ Nicht wenige Dichterinnen und Dichter sind explizit oder implizit auf der Suche nach dem Gott in dieser Welt. Aber natürlich kann nicht jeder Christenmensch, ebenso wenig wie jede Theologin und jeder Theologe dichtend verkündigen. Und jede Generation muss sicherlich ihre Bilder vom Glauben und von Gott neu hinterfragen und nach neuen suchen. Denn sie müssen ja für das Heute passen.

Ein besonders schönes Bild für ein mögliches poetisches, zweifelndes Zögern der kirchlichen Rede findet der Dichter und Theologe Christian Lehnert: „Ich wünschte mir manchmal, dass auf den Kanzeln mehr nach Worten gesucht wird. Mehr gestottert und gestammelt wird.“ Dabei sollte aber deutlich werden: Hier stammle und stottere jemand, weil ihn etwas zutiefst bewege. „Wie ein Liebesgeständnis, bei dem ich auch um Worte ringe.“

Wie in der Not eines Liebesgeständnisses kann auch bei der religiösen Rede die Poesie eine Hilfe sein, das auszudrücken, für das einem eigentlich die Worte fehlen. So beschreibt Lehnert – und er ist wirklich ein Experte auf diesem Feld – die Verwandtschaft von Poesie und religiöser Rede: Dem Gedicht wie der religiösen Rede fehlt es eigentlich an einer rechten Sprache, denn man *hat* diese Sprache ja nicht wirklich, sowohl die Sprache der Poesie wie der Religion tasten sich vor. Es ist in beiden Fällen eine Bewegung hinein in einen offenen Raum, der wahr wird durch ein Resonanzphänomen, das innen spürbar ist. „Da ist etwas, wohin das weist. Was das ist, ist nicht gesagt. Aber es ist da. Es ist spürbar. Es ist fühlbar."

Wie beim Gedicht hilft die Deutschlehrer-Frage, „Was will uns der Dichter damit sagen?", bei der religiösen Rede nicht viel weiter. Sie behindert eher die Offenheit für die eigene Auseinandersetzung mit dem Text. Es geht um Energie und Fragen, nicht um Sicherheit und Antwort. Das Ganze entspricht, wie schon angedeutet, der Unverfügbarkeit Gottes. Die kirchliche Sprache sollte vielleicht eher ein ästhetischer Klang sein, der Assoziationen, Öffnungen und Weite ermöglicht – und sei es auf Kosten der Klarheit. Übrigens stärkt das auch die Freiheit. Denn man kann heute nicht mehr von oben herab sagen: Daran hast du jetzt zu glauben!

Natürlich ist bei einem Sprechen in Bildern der Resonanzraum größer, als wenn man durch Begriffe eine Pseudo-Klarheit erzeugt, die aber nur funktioniert, wenn man über die Bedingungen des Verstehens der verschiedenen einzelnen Gemeindemitglieder gut informiert wäre. Im Idealfall verkörpert gerade eine Predigt das, was Umberto Eco über Kunstwerke gesagt hat: dass nämlich das gleiche Kunstwerk Menschen ganz unterschiedlich ansprechen kann – und nichts muss davon falsch sein. Außerdem ist es gut möglich, dass die Poesie der kirchlichen Sprache weniger an der Sprachkraft ihrer Trägerinnen und Träger hängt als an ihrer Leidenschaft. Manche Liebeserklärungen sind ganz schief – und doch stimmt jedes Wort.

Fulbert Steffensky empfiehlt der kirchlichen Sprache jedenfalls mehr Durchlässigkeit für die Poesie, denn er rückt die Poesie an die Gnade heran. Der frühere Ehemann der Poetin und Theologin Dorothee Sölle zitiert die Dichterin Gabriela Mistral: „Wenn du mich anblickst, werde ich schön." Über Schönheit wie Gnade verfügt man nicht selbst, sondern sie ist ein Geschenk, sie entsteht durch den anderen – oder in dem Fall durch Gott. „Wenn Gott uns anblickt, werden wir schön." Oder, wie es Hilde Domin, zitiert von Fulbert Steffensky, ausdrückt: „Du fielst, aber du fällst nicht. Augen fangen dich auf." Der Theologe Rudolf Bohren erklärte 1978 zur Schönheit der Sprache und dem Zusammenhang zum Glauben: „Was schön ist, ist in sich selbst selig, unabhängig von Applaus und Bewunderung ... Wo die Sprache im Vorschein der Herrlichkeit schön wird, fangen die Worte an zu leuchten."

So könnte es wahrscheinlich die kirchliche Sprache reinigen und befruchten, wenn sie sich mehr von der Schönheit der Sprache der großen Dichterinnen und Dichter inspirieren ließe. Steffensky sagt: „Religiöse Wahrheiten sind ja nicht nur religiöse Wahrheiten. Ich glaube, dass es keine einzige nur theologische Wahrheit gibt, sondern ich finde sie bei Dichtern." Und ganz konkret gibt er den Rat „Theologie-Studenten sollten zumindest so viele Dichter wie Augustinus lesen."

Dazu passt vielleicht, dass die Bewegung der „Leichten Sprache" in der Kirche zuletzt so viel Anklang findet, denn Poesie ist oft sehr schlicht in der Sprache. Anne Gidion ist derzeit Mitglied der Synode der EKD und Rektorin am Pastoralkolleg Ratzeburg, wo Pastorinnen und Pastoren der Evangelisch-Lutherischen Kirche in Norddeutschland fortgebildet werden. Außerdem ist sie Mitherausgeberin eines wichtigen Buches über den möglichen Gebrauch der Leichten Sprache in der Kirche.

Anne Gidion sagt, sie habe erlebt, dass die Leichte Sprache, die ursprünglich Menschen mit geistigen Behinderungen helfen sollte, neben anderen Vorzügen eine Brücke zum Liturgielernen sein könne. Auch einen Bibeltext erstmal in Leichte Sprache zu übersetzen sei ein guter Weg zur Predigtvorbereitung. Die Pastorin schwärmt: „Leichte Sprache kann Zugänge schaffen zur Sprache der Liturgie, der Bibel, der Theologie. Sie entschlackt und entschwurbelt und bringt auf den Punkt." Wie wir gesehen haben, ist die Sehnsucht nach einer entschlackten und entschwurbelten Sprache der Kirche groß.

Aber über die Inhalte ist damit nichts gesagt, was Anne Gidion betont – „Ausländer raus!" sei in gewisser Weise ja auch eine leichte Sprache. Leichte Sprache sei eben kein Allheilmittel. „Leichte Sprache entscheidet nicht über den Inhalt, sie macht ihn nur zugänglich." Leichte Sprache sei eine achtsame Sprache, ein Wort, mit dem sie offenbar kein Problem hat. „Ihr Ziel ist größtmögliches Verstehen – für alle. Sie will nicht glänzen." Die Leichte Sprache baue sprachliche Rampen für gutes Verstehen.

Und was wäre mit mehr Schweigen in der Kirche? „Sowieso. Wer schweigt, betet doppelt. Und durch die Ritzen kommt das Licht."

KAPITEL 17

Von der möglichen Kraft der kirchlichen Sprache

Wir haben über die vielen Schwächen der kirchlichen Sprache gesprochen, wenig über ihre Stärken – oder über ihre potenziellen Stärken. Aber die gibt es, auch wenn es wahrscheinlich immer schwieriger wird, sie freizulegen. „Wenn es kein gemeinsames Verstehen mehr gibt, und das hat nicht nur mit Worten zu tun, sondern auch mit den Resonanzräumen, was ein Wort bewirkt in einem Menschen, wird die Herausforderung größer zu fragen: Was eint uns eigentlich?", sagt dazu Bischof Overbeck. „Heute ist es angesagt, die Faktizität des Pluralen, des global Unterschiedlichen als einen Gewinn wahrzunehmen – und zugleich als eine Chance, das eine so zu sagen, dass es möglichst viele verstehen." Damit ist die Gefahr verbunden, missverstanden zu werden. Dennoch gibt es Hoffnung, eine christliche Hoffnung, wenn man will: „Aber vielleicht wird es auch in einem weiteren Horizont verstanden, als ich es selbst intendiert habe, und es trotzdem noch der Wahrheit meines Gedankens entspricht. Damit darf und muss jede Verkündigung rechnen."

Am Ende hilft der Glaube, dass die Botschaft des Evangeliums über alle Milieus und Echoräume hinweg ihren Weg zu den Menschen aller Generationen auch in Zukunft finden wird. Es gibt nur noch wenige klar definierte oder abgeschlossene Räume, in denen die Zuhörenden mit den kirchlicherseits verwendeten Begriffen und den so eröffneten Erfahrungsräumen das Gleiche vor Augen haben, wie sie der oder die Predigende beziehungsweise Sprechende selbst empfindet. Andererseits kann es nach wie vor menschliche Räume geben, die für alle gleich oder zumindest ähnlich sind. Bischof Overbeck fasst diesen Gedanken, den die Theologie schon immer hatte und der sowohl Demut wie Gelassenheit verleiht, so zusammen: „Ich weiß, dass die Weite des Geheimnisses, das ich vermitteln will, viel größer ist, als jedes Wort es fassen kann. Das zu wissen ist nicht nur notwendig, sondern sogar hilfreich."

Die kirchliche Sprache verändert sich Tag für Tag. Vor wenigen Monaten machten im Netz Formulierungen aus der Schlusspredigt des Evangelischen Kirchentags 2019 in Dortmund die Runde: Erinnert sei an „Gottes geliebte Gurkentruppe" oder an die Kirche als „rollende Frittenbude. Glaube, Liebe, Currywurst". Solche Bilder verändern unser Bild vom Christentum. Natürlich prägt die kirchliche Sprache auch das Eigenbild der Menschen in der Kirche. Die Dortmunder Formulierungen und Bilder sprachen den Reaktionen im Netz zufolge christliche Insider-Gruppen durchaus an, obwohl die Predigt wohl eher in einen Schulgottesdienst gepasst hätte, gerade weil da von den Bundesjugendspielen die Rede war und Jesus als „Türsteher" vorkam. Es ist die alte Erkenntnis: Nicht nur das Denken verändert die Sprache, auch die Sprache verändert das Denken. Deshalb muss die Kirche so sehr auf ihre Sprache achten.

Die heute übliche kirchliche Sprache war eine Zeitlang ein wichtiges Signal der Öffnung der Kirche. Sie zeigte, dass sie die Jüngeren mitnehmen wollte, auch mit ihrer Sprache. Nun sind die, die damals in der Kirche diese Sprache gelernt und genutzt haben, älter geworden. Sie sind dieser Sprache oft überdrüssig. Jüngere sind nachgekommen, denen eine solche Sprache nicht mehr viel sagt. Zu fragen wäre schon, ob die heutige junge Generation nicht wieder einen härteren Sprachstil gewohnt ist und so auch ansprechbar wäre, wenn man beobachtet, mit welcher Härte etwa in sozialen Medien kommuniziert wird – ohne dass dies häufig allzu übel genommen wird.

Es könnte aber auch anders herum funktionieren: Vielleicht könnte sich paradoxerweise der Fluch der kirchlichen Sprache zukünftig in einen gewissen Segen verwandeln – aus dem Unzeitgemäßen könnte etwas Zeitgemäßes entstehen, wie der Historiker Paul Nolte meint: „Womöglich ist diese Sprache in letzter Zeit auch eine Form, in der die Kirche versucht, sich abzugrenzen von einer Sprache, die härter ist, etwa in den sozialen Medien, an den Stammtischen oder im Populismus." Wenn überall Mobbing herrsche, beschwöre die kirchliche Sprache „eine Welt der Ehrlichkeit, der Einfühlsamkeit und Rücksichtnahme". So könnte aus dem Veralteten etwas Modernes erwachsen: „Es könnte sich eine neue Zeitgemäßheit entwickeln, wenn wir über die Verrohung der Sprache unserer Zeit sprechen. Da schnippen wir Christen mit den Fingern und sagen, wir haben das schon! Wir soften euch jetzt mal ordentlich ein." – Wir soften euch ein, eine wunderbare Formulierung!

Die kirchliche Sprache hat, trotz aller Schwächen, etwas Umarmendes. Sie eröffnet zumindest rhetorisch Partizipationsmöglichkeiten und betont ihre Offenheit. Das ist etwas Positives in einer Gesellschaft, die offensichtlich immer mehr einem Diskurs von Besserwissern und Sprücheklopfern gehorcht. Eine Gesellschaft, in der Gräben nur vertieft oder in der intern nur Richtigkeiten ausgetauscht werden. Ellen Ueberschär von der Heinrich-Böll-Stiftung meint, wo die Diskurse so auseinandergingen, sei eine Institution von enormer Wichtigkeit, die von alters her die Fähigkeit habe, Menschen zusammenzubringen. „Aber die Gefahr ist natürlich, dass das, was die Kirche sagt, und wie sie es sagt, gar nicht mehr ankommt, und dass sie so die Funktion, die sie bestenfalls hat, wegen dieser Sprache gar nicht wahrnehmen kann." Zu einer Sprache, die von „Mitnehmen" und „Ankommen" spreche, hätten die Menschen kaum noch eine Beziehung. „Dabei ist im Grunde das dahinterstehende Konzept nötiger denn je, ja, es wird immer wichtiger."

Eine Sprache, die alle mitnehmen oder abholen will, hat etwas Paternalistisches – und etwas Langweiliges. Die – um im sozialpädagogischen Duktus zu bleiben – „niederschwellige" kirchliche

Sprache hat zwar geholfen gegen die unverständliche „Sprache Kanaans", aber wo sie zum unausgesprochenen Prinzip geworden ist, ist sie schädlich – dort, „wo die Sprache Kartoffelbrei ist, wo du nicht mehr kauen musst", wie es Fulbert Steffensky formuliert. Das Weiche und Sozialpädagogische aus der kirchlichen Sprache komplett zu verbannen wäre andererseits auch falsch, gerade weil die Sprache in der Gesellschaft so hart geworden ist.

Ähnlich nachdenklich ist auch die Regionalbischöfin Petra Bahr: „Mittlerweile denke ich mir: Das sind ja paradiesische Zustände, dass alle sozialpädagogisch miteinander sprechen, statt mit Worten aufeinander zu schießen. Dieser Vagheits-Sound, das Vorsichtige, Unbestimmte und Metaphorische könnte eine ganz gute Wolldecke gegen die Kälte der Sprache in den sozialen Medien sein." Die Kunst für die kirchliche Sprache wird in Zukunft wohl sein, zu unterscheiden, wo Klarheit und Wahrhaftigkeit in der Sprache nötig ist – und wo eine höfliche Unschärfe und Unbestimmtheit vielleicht doch die richtige Ansprache ist.

KAPITEL 18

Schlusswort

„Das Schönste in der christlichen Überlieferung wird durch die Art und Weise abstoßend gemacht, wie es ausgedrückt wird", hat Thornton Wilder schon vor über fünfzig Jahren geschrieben, „Die Wiederbelebung der Religion ist fast eine Sache der Rhetorik. Vielleicht sterben alle Religionen, wenn die Sprache sich erschöpft."

Die Kirche muss ihre Sprache neu erfinden – oder neu finden. Denn es geht nicht um alte oder neue Ausdrücke, es geht nicht um das Für und Wider einer „Sprache Kanaans", sondern darum, dass diese neue Sprache der Kirche von Glauben, von Leben, Erfahrung und Leidenschaft getragen ist – und sicherlich nicht nur von der eingefahrenen Sprachmelodie und den sanften Kissen einer (bildungs-)bürgerlichen Mittelschichtswelt.

Es kann sein, dass die Kirche gerade hierzulande einfach zu reich ist, um die Botschaft von Armut und Kreuz glaubhaft vermitteln zu können, dass das Ganze also kein Sprachproblem ist, sondern eines der Struktur der hiesigen Kirche. Sicherlich kann auch eine ärmere Kirche sprachlich in die Irre gehen, um es kirchlich auszudrücken. Aber die Sattheit der deutschen Volkskirchen hat mit ziemlicher Sicherheit auch Folgen, und nicht nur positive. Es spricht sich nicht gut mit vollem Mund. Vor allem nicht über die Armen.

So fordert Fulbert Steffensky, dass die „verwohnte Sprache" der Kirche ein Ende haben müsse, durch Bibel- und Zeitungslesen. Wenn die Sprache der Kirche dabei trotz allem etwas fremd bleibt, ist das nicht weiter schlimm, im Gegenteil: „Ich würde auch gerne die Fremdheit retten, die aufmerksam macht und die ich liebe." Es geht nicht um eine „Verheutigung" der kirchlichen Sprache, sondern von deren Inhalten. Die kirchlichen Sprache müsse langsam sein, meint Steffensky – und so, „dass sie blutet, dass sie etwas mit mir zu tun hat". Das heiße nicht, dass diese Sprache immer dunkel und schwer sein müsse, denn man könne ja „vor Glück bluten".

Man muss diesen poetischen Worten nicht folgen, aber am Ende unseres Buches über die kirchliche Sprache drängt sich doch ein Gedanke auf, der ein wenig paradox ist: Es fehlt den beiden Volkskirchen, vielleicht der protestantischen noch etwas mehr als der katholischen, in den letzten Jahren an Vertrauen in die Schönheit und Kraft ihrer Bilder und Rituale – und diese Leere wird gefüllt durch Worte, die diese Leere aber nicht füllen können. Insgesamt wird in die Schönheit der Sprache und die Pracht der Rituale oder Bilder nicht genug Mühe verwendet. Fulbert Steffensky sagt es sehr schön und knapp so: „Wer die Form nicht achtet, muss reden."

Kann sein, dass darin auch eine gewisse Überforderung sowohl der Pfarrpersonen wie der Gemeinde liegt. Denn beide müssen weniger Wörter bilden oder verstehen, sondern stattdessen in Bildern und Ritualen mehr zeigen als es der Verstand erlaubt. Vielleicht ist es gelegentlich sogar angemessen, gar nicht mehr zu denken, etwa bei „besonders dichten Sachen", wie Fulbert Steffensky es sagt. „Wenn ich jemanden küsse oder wenn ich bete." Die protestantische Selbstreflexion in allen Ehren, aber auch sie darf gelegentlich schweigen. Es ist wie bei Musik, bei der das Denken auch manchmal aussetzt.

Gerade die Musik von Johann Sebastian Bach ersetzt nicht nur in der Advents- und Passionszeit seit Jahrzehnten überall in Deutschland und dem Rest der Welt Predigten oder ganze Gottesdienste. Vor allem Bachs Matthäus-Passion ist seit ihrer Wiederentdeckung im 19. Jahrhundert für viele ein zuverlässiges Mittel der Verkündigung – und natürlich ein musikalisch-religiöser Genuss. Vom schwedischen Erzbischof Nathan Söderblom

(1866–1931) soll der Satz stammen: „Johann Sebastian Bachs Musik kann man als das fünfte Evangelium bezeichnen." – und vom Theologen, Arzt, Musikwissenschaftler und Friedensnobelpreisträger Albert Schweitzer (1875–1965) ist die berühmte Bezeichnung Bachs als „fünfter Evangelist" überliefert.

Die vielleicht schönste Würdigung Bachs der letzten Jahren stammt vom Schriftsteller Wiglaf Droste (1961–2019), der aus seiner wenn nicht atheistischen, so doch stark kirchenkritischen Einstellung nie einen Hehl gemacht hat. In einem erstaunlichen Text für „NZZ Folio", der Monatsbeilage der *Neuen Zürcher Zeitung*, schrieb er im Dezember 2014: „In Johann Sebastian Bachs Musik geht der menschlichen Seele einmal alles durch und durch, man begreift Albert Einstein, der sagte, dass Gott nicht würfle, und muss für diesen reinigenden und inspirierenden Genuss nicht einmal an Gott glauben, sondern sich nur öffnen und hingeben. Möglicherweise ist das ja ein und dasselbe."

Es ist bezeichnend, dass die Musik der ökumenischen Gemeinschaft von Taizé seit Jahrzehnten gerade viele junge Menschen für die Sache des Glaubens begeistern kann. Und so viel geredet wird auch nicht in Taizé – häufiger meditiert und geschwiegen. Dabei ist das Schweigen, wie bereits angedeutet, keine ungefährliche Sache. Die Welt wird vernünftigerweise durch das Reden über sie errungen, und Schweigen kann dumm machen. Aber nicht überall ist die Rede ein geeignetes Mittel. Musik, Gesten, Rituale und Bilder sind meist genug, sie bedürfen keiner Erklärung, keines Wortnebels, der sie umweht. Das Handauflegen oder ein Segen erklären sich selbst.

Das Absurde daran ist, dass der Abschied von den alten Formen in den vergangenen Jahrzehnten oft gerade von denen vorangetrieben wurde, die jetzt unter der Formlosigkeit leiden oder sie beklagen – die Rückkehr zu Form, also zu Geste, Ritual und Bild, kann ein reaktionäres Programm sein. Selbstkritisch deutet etwa Fulbert Steffensky an, seine Theologen-Generation habe die Tradition vielleicht zu wenig als schön erklärt – oder zu wenig nach der Schönheit in ihr gesucht: „Wir waren fixiert, fixiert auf eines: Ist das richtig oder falsch?“ Man habe etwa in den traditionellen Antworten auf die Fragen der Trinität oder Christologie meist nur geschaut, was richtig oder falsch sei. „Und wir haben die Hauptfrage vergessen: Was ist der Charme dieser Aussagen?“

Man habe nicht genug nach der Schönheit geforscht, etwa der Schönheit der Bergpredigt, sagt Fulbert Steffensky: „Du lernst eigentlich nur, indem du etwas als schön empfindest.“ Man könne auf Dauer nur etwas glauben und vor allem nur lieben, wenn man gelernt habe, es schön zu finden. „Und nicht diese aberwitzige Versessenheit auf Wahrheit, oder auf Richtigkeit vielmehr. Das war so dämlich, dämlich!“ Davon müsse man sich frei machen. So sei das erste, den Glauben schön zu finden. „Daraus wird sich auch eine Schönheit der Sprache zum Schluss ergeben.“

Und könnte am Ende sogar Humor ein Weg dorthin sein? Vielleicht darf man ja die kirchliche Sprache gar nicht so ernst nehmen. Wo Brüder und Schwestern versammelt sind, spricht man eben seine ganz eigene (Familien-)Sprache. Nicht alle müssen sie verstehen. Gut möglich, dass die kirchliche Sprache nicht so häufig verspottet würde, wenn sie nicht eine gewisse innere Stärke hätte, wie wir spätestens seit Otto Waalkes wissen. Unser Glossar weist in diese Richtung. Gleichwohl bliebe ein Ziel der kirchlichen Sprache schon jenes, das der Psalm 81 so in Worte fasst: „Eine Sprache höre ich, die ich bisher nicht kannte.“

Das Wörterbuch vom guten Leben

Dieses Glossar will als Verständnis zurzeit, zu unserer Zeit, gelesen werden: Es ist in der Summe mehr als eine Illustration zur „Phrase unser", es regt zur weiteren Sammlung von zeittypischem Vokabular nicht nur, aber auch in der Kirche an. Es erhebt selbstverständlich keinen Anspruch auf Vollständigkeit – wie könnte es auch: Jeden Tag sickern neue Worte und Wendungen in unsere populäre, gesprochene Sprache ein – und wie die beliebtesten Vokabeln in einer Dekade, am Ende unserer neuen Zwanzigerjahre, ausfallen, kann kein Mensch wissen, vermutlich nicht einmal ER, der dies doch eigentlich im Blick, jedenfalls im Ohr wie im Mund haben könnte, ja, müsste. Belehrt wird in dieser Liste niemand, hier obwaltet keine ja immer leicht dünkelhafte Sprachkritik, die auf die Dudeneske Korrektheit der deutschen Sprache achtet und Zensuren, Unzulänglichkeit attestierend, verteilt.

Also keine kathederhafte Schmallippigkeit, die aufs Schmunzeln und Hüsteln des adressierten Publikums setzt – die Überlegenheit im sprachlichen Gestus schon eingewoben. Auch ist dies keine Liste, in der von „Vorprogrammieren" die Rede ist, um schlaumeiernd anzufügen, dass das Wort schlicht „programmieren" heiße und die Silbe „vor" bereits im „pro" geborgen liegt. Hier finden sich, eben ganz „Phrase unser", nur Begriffe kartiert, die wir auch in Gottesdiensten, in theologischen Seminaren vor ihren Türen und auf der Straße, in Bussen, Trams und Bahnen hörten, einige sind länger im Gebrauch, andere von frischerer Äußerungskraft – persönlich sortiert und darauf vertrauend, dass dies schon die modischsten und aktuell gebräuchlichsten Wendungen sind. Da konnte kein Algorithmus helfen, da trauten wir nur unseren eigenen Sensorien.

Abholen. Ein Verb, das einen Akt anzeigt, welcher sich etwa auf die Organisation von Dingen bezieht: Ein Paket soll abgeholt werden oder ein Kind von der Kita. Aber „abholen" meint in seiner stärksten Bedeutung einen kommunikativen Prozess, ja, mehr noch, ein rhetorisches Warnschild, auf dem auch noch „mitnehmen" zu lesen steht: Mitnehmen und abholen markiert eine Chiffre, die den Redenden nicht als Mensch von Mut ausweist, sondern als Warner, als Bedenkenträger – ein Anliegen, etwa eine riskant scheinende Beschlussvorlage in einer Synode, bei der die Zeigefinger darauf hinweisen, die Synodalen könnten den Beschluss nicht verstehen und also ablehnen. Deshalb müssten Menschen mitgenommen, um abgeholt zu werden. Dort, wo sie, vermutlich mit anderen Haltungen, gleichwohl als uneinsichtig vermutet, stehen. „Wir müssen die Menschen dort abholen, wo sie stehen", heißt es oft (nicht nur) in kirchlichen Gruppen, in denen es etwas zu melden gibt – und das bedeutet, dass „die Menschen" mannigfaltig für zu renitent gehalten werden, als dass sie ohne viel rhetorisches Getue sich für oder gegen eine Absicht aussprechen. Die Wendung ist inzwischen tief in die Sprechpraxis von Meetings und Konferenzen außerkirchlicher Zirkel eingesickert. Stets ist gemeint, dass auf eine Herde Unwissender geschaut wird, die mit pädagogischen, mindestens rhetorischen Tricks zur Einsicht gebracht werden muss – beziehungsweise dies nötig hat.

Abweisen. In christlichen Zusammenhängen würde es für jeden und jede, der oder die die Abweisung eines anderen fordern, den sozialen Tod zur Folge haben. „Niemand darf abgewiesen werden" ist eine Formel, auf die sich alle mit vollendeter Sanftheit einigen können – der Mensch als Subjekt und Objekt allererster Willkommenheit ist ein Wesen, das in jeder guten Mitte Platz haben kann, ja, muss. Dieses Credo beginnt indes immer dann ein wenig nervös in der Umlaufbahn des Universums vom guten Leben zu kreiseln, wenn der oder die andere genau dies nicht möchte: alle Menschen von Abweisung fernzuhalten. Eine Person etwa, gewiss auch ein Mensch, der mit der Flüchtlingspolitik Angela Merkels nicht einverstanden ist und Tausende an Grenzgängern abgewiesen sehen möchte. Hier öffnet sich der Blick auf die Abgründe der guten Sprechformeln und Vorsätze – einer Person, die nicht mit ihnen einverstanden ist, bleibt dann nur noch zu sagen, das „Eigene einfach mal daneben zu legen", ohne den Konflikt zu entscheiden.

Achtsamkeit. Ob in der Werbung oder bei Kirchens: Dieses Wort ist zum Generalschlüssel, zum Universalwerkzeug moderner Weltwahrnehmung geworden. Auf „achtsames und gerechtes Handeln" komme es an – der pure Verweis auf Gerechtigkeit reicht nicht mehr, sie muss wie mit einem Generalbass von „Achtsamkeit" begleitet sein. Ein Wort, das jeden Text zu veredeln scheint, eine Vokabel, die in jeder Sprechroutine Sensibilität und Empathie anzeigt. Ohne ein Bekenntnis zu ihr sind alle Bekenntnisse karg und unfertig.

Akzeptieren. Hehrer Vorsatz, der in Diakonieschulen und Einrichtungen zur Qualifikation für das Berufsfeld der sozialen Arbeit bereits in den allerersten Tagen den Lernenden nahegebracht wird: Einander als jene zu nehmen, die sie, ja, wir sind. Mit allen Unvollkommenheiten, gleichwohl ausgerüstet mit guten bis besten Vorsätzen. „Sich und andere akzeptieren" ist ein Vorsatz von edelster Qualität und das schwerste, das eine Person charakterlich zuwege bringen kann. Dass das Wort sehr häufig, nicht nur in christlichen Häusern, zu hören ist, kann Verdacht erregen: Wovon man im Ideal spricht, mit diesem ist es im wahren Leben nicht weit her. Dass die Dinge sich nicht so verhalten, wie man sie gern hätte. Der Verweis auf die jesuanische Qualität des Vorsatzes ändert indes nichts am Alltäglichen: Nervensägen bleiben auch dann solche, wenn man sie als solche nimmt.

Andere. Ein Kernwort aus dem Vokabular vom Selbstverständlichen des guten christlichen Lebens. Der oder die Andere, das Andere – ein jeder und eine jede sind anders, niemand ist so wie man selbst. Und entsprechend dieser an sich trivialen Feststellung wird es als Standortbestimmung des Kommunikativen für einen Gewinn gehalten, dies zu konstatieren: Man hat es mit Anderem zu tun. Von unterschiedlichen Interessen – etwa materieller Art – darf jedoch nicht die Rede sein, diese denkt man mit, aber sie sind blind für das, was den sozialen Aushandlungsprozess anbetrifft. Generell gilt: Interesse am anderen, und sei diese Person noch so langweilend, ist von beinahe sakrosankter Haltung.

Anders. Hingegen verhält es sich anders, ja, „anders" bei einem delikaten Sprechakt, der mit einer gar nicht mal diskreten, doch allenfalls beiläufigen körperlichen, besser: fingerfertigen Geste untermalt wird. Eine Person sei „anders", und die Anführungszeichen werden mit beiden Händen, jeweils mit Zeige- und Mittelfingern, gesetzt. Eine Markierung aus dem Reservoir vom „Uneigentlichen": Die Gänsefüßchen, wie sie meist genannt werden, zeigen an, dass das „andere" gar nicht so anders ist und doch zugleich sehr anders. Eine Differenzierungsgeste, die ihre Distanzierung mit diskreter Zeichenanzeige in sich trägt und anzeigt wie ein Signal der Obacht.

Anerkennen. Staaten erkennen sich an, aus diesem Kontext kennen wir dieses Wort. Wichtiger, ja, viel gewichtiger ist, dass man „als Mensch" zur „Anerkennung" kommt. Es bedeutet:

Ich erkenne den Anderen, und ich erkenne ihn als gut und wichtig. Einen Menschen anerkennen heißt, im Kirchischen gesprochen, diesem zu versichern, ein Mensch zu sein. Das mag wie eine Binse klingen, denn schon bei der Aufgabe einer Bestellung am Tresen einer Bäckerei wird durch den Akt der Order selbst das Gegenüber anerkennt – was denn sonst? Aber Anerkennung in diesem Sinn ist mehr: Der oder die andere bekommt durch die innere Kraft des Eigenen ein Gesicht. Ob das nun ausgerechnet bei alltäglichen Handlungen immer gelingt, kann als fraglich erscheinen, als Sinnstiftungsaufgabe kann es jedoch nicht verkehrt sein.

Angenommen. Da sagt einer: „Ich fühle mich angenommen" – und sagt damit immerhin, Anschluss an eine Gruppe, sei es bei Empfängen, in einer Schule oder bei einem Gemeindefest, gefunden zu haben. Von einer Floskel unterscheidet sich das Wort vor allem durch einen Umstand – durch die Ernsthaftigkeit des Satzes, wenn er denn vorgetragen wird. Diese drückt sich in einem auf keinen Fall allzu fröhlichen, doch nicht allzu abgedimmten Timbre aus. Denn wer sich anerkannt fühlt, muss auch dem Gegenüber die kommunikative Gunst erweisen, dankbar zu sein, durch dieses anerkennt worden zu sein. Sich angenommen zu fühlen ist ja stets ein Satz, der das Resultat eines reziproken Prozesses ist. Kein Angenommensein ohne Gegenüber. Und, Achtung, Gefühle können täuschen, sie sind flüchtig, sie sind brüchig: Deswegen darf nicht gescheut werden, die Annahme des Angenommenseins stetig zu wiederholen.

Anfang. Ist davon die Rede, „wir stehen noch am Anfang des Dialogs", heißt dies, in diplomatischer Weise akkurat und fern aller Explizitheit nur dies ausdrücken zu wollen: Wir sind keinen Schritt zu Potte gekommen, eigentlich haben wir aneinander vorbeigeredet, wir waren nicht erfolgreich. Das zu äußern ist strikt verboten, stattdessen muss es lauten: „Das kann ein Anfang sein." Kann – muss aber nicht. Aber eine Möglichkeit zu avisieren hilft dem Kommenden zu gelingen eher als die nüchterne Tatsachenfeststellung, dass das Gegenüber nicht will, was man selbst ersehnt. Da alles ohnehin miteinander zusammenhängt, gestern, heute und morgen ja höchstwahrscheinlich auch, ist diese Rhetorik vom prinzipiell Weiter-Möglichen ein Ausweis diplomatischen Geschicks, das Anzusteuernde im Schwebezustand der Offenheit zu halten. Alle Dokumente, wirklich alle, der ökumenischen Mühen zwischen Protestanten und Katholiken künden davon: Nichts wirklich zu explizieren. Was nicht passt, wird auf die To-Do-Liste des Irgendwann geschoben.

Anfeindung. Die saloppe Variante für die Wendung „Das ist eine Anfeindung für mich" lautet „Du hast wohl nicht mehr alle Latten am Zaun" oder „Geht's noch?". Anfeindungen sind hässlich und verstopfen die Pipelines des kommunikativ Möglichen. Und darauf kommt es – so dogmatisch wie nichts anderes – ja an: Das Mögliche nicht durch etwas als aggressiv Empfundenes zu stören. Man will zwar selbst Stachel im Fleisch des irdisch Unzulänglichen sein, was zwar als wehtuend gefühlt werden kann, aber eine Anfeindung, sprachlich verstärkt durch den Zusatz „für mich", ist ein Gegenangriff par excellence: Du warst gemein gegen mich, jetzt erklär ich dich zum Übeltäter des Feindlichen. Die Person, die das äußert, hat moralisch immer bessere Karten auf der Hand: Wer will sich schon der Anfeindlichkeit zeihen lassen?

Anfrage. Eine der interessantesten Zauberworte im Alt- und Neusprech in allen christlichen Kirchen. „Das ist eine Anfrage an uns" könnte im gewöhnlichen Deutsch auch als „Wir müssen uns mit etwas Dringendem beschäftigen" oder, falls die sogenannte Anfrage aus der Sphäre der unbekannteren

Wahrnehmungen angespült wird, „Wir haben hier etwas, das wir nicht ignorieren sollten". Anfrage meint stets etwas, das die Routinen angreift; vielleicht nicht stört, aber den gewohnten Ablauf der Dinge aus der Bahn zu werfen droht. Seien es Fragen zu Flüchtlingen im Mittelmeer, zu Obdachlosen in Reichenvierteln oder zu homosexuellen Paaren etwa in einer Gemeinde, die von der Idee, dass Pastorate (Pfarrhäuser) gemischtgeschlechtlich besetzt bleiben sollen, nicht lassen möchten. Eine Anfrage skizziert kommunikativ den Auftakt einer Antwort, für die sich die Kirchen und ihre Gemeinden zuständig fühlen möchten – und das ist ja fast alles.

Angebot. Nichts ist so kostbar wie ein solches, zumal wenn es als „Gesprächsangebot" eingekleidet ist. Offerten der Kommunikation sind Einladungen ans Miteinander, und solche Gelegenheiten schlägt niemand aus – es sei denn, es handelt sich um solche von politisch unappetitlichen Adressaten, Rechtspopulisten etwa, denen zu unterstellen, sie unterbreiteten keine Gesprächsangebote, ein Fall größter Naivität ist. Angebote sind in diesem Sinne bisweilen von giftigem Gehalt.

Angst. Biblisches Herzensanliegen – dass die Menschen keine Angst mehr haben, weil ER sie geborgen trägt, überall und immer. Wer vom „Abbau der Angst" spricht, kramt eine Binse aus der Kammer, denn Furcht vor dem Leben zu lindern ist ja gerade das, was zum Innersten des Jobprofils aller Christen und Christinnen zählen, ja, zählen muss. Angst ist der Aggregatszustand der Unsicherheit, der schwankenden Planken, auf denen ein jeder jeweils steht – Angst war das öffentlich geäußerte Gefühl der Friedensbewegung in den frühen Achtzigerjahren des vorigen Jahrhunderts, an der die Kirchenbasis wesentlichen Anteil hatte. Auch wenn für Jugendliche etwa Demonstrationen damals Happenings waren und sie sich zurecht am Leben erfreuten, so war es auch damals schon ein moralischer Trumpf, Angst als wesentlichen – persönlichen! – Motor des eigenen Engagements auszuweisen.

Anliegen. Keine Verwechslung mit dem Terminus aus der Geldwirtschaft, mit „Anlage". Im Gegenteil: Das Wort kommt aus der Sphäre der Höflichkeit, der Etikette, der freundlich gesinnten Profilierung als Interesseninhaber. Ein solches wird gern bei Tagungen und Treffen in Evangelischen Akademien geäußert. Es ist besser, vom Anliegen zu sprechen, nicht von einer Idee, einem Projekt oder einem Ding, das man drehen will, sondern vom Anliegen. Anliegen meint materielles wie immaterielles Geschehen, mit dem Vorsatz „Es ist uns ein Anliegen" wird ein Inhalt transportiert, den andere mit den Sätzen „Ich will …" oder „Das muss hier …" umschreiben. Ein Anliegen zu haben, es vortragen zu wollen mit Mut, veredelt den Sprechenden in die Position des höflichen Ehrerbieters.

Annehmen. Niemand, falls man das einmal so personell fassen darf, kann dieses Gefühl so verkörpern – wie ER. „ER nimmt uns an, wie wir sind." Und: „ER nimmt uns an in all unseren Schwächen." Das ist die Tröstlichkeit schlechthin in den Religionen jesuanischer Provenienz: Dass niemand fürchten muss, als menschliche Existenz als solche verkehrt zu sein – man sei angenommen und gewertschätzt, allen Makeln, die Menschen an einem wahrnehmen, zum Trotz. Jemanden annehmen können ist ein Ziel und ein Weg zugleich. Das Ideal meint das Höchste, der Weg weist ins Gelingende. Schuld tragen nur jene, die partout nicht einsehen möchten, dass nicht jede menschliche Macke von Qualität ist. Aber auch hier muss das Gebot der Höflichkeit gelten: Jemand, der ein einschläfernd langes Referat hält, wird hinterher nicht kommentiert mit dem Satz: „Das war aber länglich", sondern eingemeindet mit dem Satz „Das war überraschend ausführlich." Friede sei stets mit allen!

Anstiften. Eine rätselhafte Vokabel, die indes nur zum Ausdruck bringen möchte, dass da jemand fies und schofelig war – und durch eine freundliche Anregung „zum Menschsein angestiftet“ werden musste. Fünfe mal gerade sein lassen; bloß kein Pfennigfuchser sein – Pingelige und Geizige müssen, ach was, verdienen auch nur angestiftet zu werden, dann werden sie zu großzügigen Nachbarn und Verwandten.

Antwort. Eine Frage – eine Antwort? So leicht kann es nicht sein, denn das Leben ist mindestens seit Jesu Zeiten komplex und oft für alle Beteiligten wirr. So kommt es zu Wortgebilden wie „Suche nach Antworten“, „Antworten suchen“ und „Antwort geben“. Oft wird das Antwortsuchende zur Ausrede, wo doch auf die einfache Frage danach, was die Summe von zwei plus zwei ist, die Antwort nur „Vier“ lauten kann. Kirchens machen es sich schwerer, sie gewichten ganz im Sinne vom Mitnehmen und Abholen das Bündel an Aspekten, die die Suche nach einer Antwort – oder im Plural: nach Antworten – erleichtern sollen. Okay, gelegentlich wird die Recherche nach der Antwort auch durch Verumständlichung erschwert – aber so ist es mit einem religiösen Tanker in stets unruhigen Seen: Alles nicht so leicht.

Aufbruch. Ein Wort, das modern als Start-up-Energie gefasst werden könnte, doch bei Kirchens meint es den Vorsatz, nun mit Ernst wirklich an die Arbeit zu gehen, mit Herz und Engagement, die Neigung jedenfalls, einen wichtigen Punkt in die Mappe für Wiedervorlagen zu legen. „Es wird viel Aufbruch sein“ ist indes auch eine selbststimulierende Chiffre, die davon absehen muss, dass jeder Anfang nur einmal ein Anfang ist: Christen müssen überall und immer ein wenig simulieren, dass sie seit über 2.000 Jahren die Arbeit des Sisyphos von Herzen verstehen können: Der Stein will partout nicht zum Gipfel kommen.

Aufgetragen. Etwas umständlich formulierendes Wort für das, was der Job christlicher Kirchen und ihrer Mitglieder ist. „Es ist uns aufgetragen" heißt: „Das ist unser Tätigkeitsprofil" – aber es meint, klassisch salbungsvoll, zumal mit dem adressierenden Zusatz „uns" eine gewisse Moral, ein Zweck für das Dasein im Hier und Jetzt.

Aufmerksam. Ein Hundehaufen auf Fußwegen verdient gute Augen, damit man in ihn nicht hineintritt, aber das meint diese Art der Fokussierung nicht. „Heilende Aufmerksamkeit" umreißt den emotionalen Moment, in dem eine Person, die – ob zurecht oder nicht – annimmt, niemand interessiere sich für sie, sich einer wenigstens gewissen Aufmerksamkeit sicher weiß. Und das ist vielleicht nicht in jeder Hinsicht genesend, eventuell auch nicht ernsthaft heilend – aber in der Chiffre steckt eine Absicht, die unenwegter Bearbeitung anheimgestellt ist.

Augenhöhe. Keiner, der etwas durchsetzen möchte, darf vergessen, dass sein oder ihr Anliegen auf Augenhöhe kommuniziert werden muss. Ein Wort, das Verlogenheit und Falschheit in sich trägt und zwar notorisch. Ein Gemeindemitglied darf erwarten, dass sein Pastor oder seine Pastorin mit diesem *nicht* auf Augenhöhe ist – sonst wären ja gleich alle Pastoren. Vorsicht bei angekündigten Dialogen und Begegnungen auf Augenhöhe: Das klingt gleich nach Verkaufsmesse und Propagandistenprosa. Ein Papst ist auf Erden nur mit sich auf Augenhöhe und ein EKD-Ratsvorsitzender allenfalls mit anderen Bischöfen auf solch gleicher Blickhöhe. Überspielt werden soll diese Hierarchie mit diesem Wort und macht das hierarchische Verhältnis nur nebulöser. Ein Gemeindemitglied muss unterhalb der Augenhöhe des Pfarrers bleiben, sonst kann er sich nicht beschweren über einen, der eben als Pfarrer Verantwortung zu übernehmen hat. Wer Augenhöhe sagt, meint Autorität nach unten und Gehorsamstugend nach oben, nichts sonst.

Ausgrenzen. Na klar: In der Formel vom „niemanden Ausgrenzen“ steckt der Quellenhinweis namens „Jesus war mit den Ausgegrenzten“. Kein Obdachloser darf übersehen werden, auch er ist nur ein Mühseliger und Beladener, wenn auch einer mit oft, geht er mit Zeitschriften durch eine U-Bahn und will sie verkaufen, schlechten Marketingmethoden. Er versucht, nicht ausgegrenzt zu bleiben. Ausgrenzen ist jedenfalls verboten, auch Nazis können ein Herz haben, das inkludiert zu werden beansprucht.

Aushalten. Eine Person kann ausgehalten werden, materiell. Hier aber meint es beispielsweise „Spannungen aushalten“ oder auch „mich selbst aushalten“, in der eigenen Schwäche. Es markiert eine Position, die darauf hofft, dass nicht eine ungebetene Person den Konflikt für nichtexistent erklärt – nein, ein Dissens existiert, woraufhin er ausgehalten werden muss.

Austausch. Ein solcher ist ein solcher – aber in kirchlichem Zusammenhang bekommt das Wort durch die Anfügung „Chance“, die man übersehen oder ignorieren kann, einen fast heiligen Charakter. Es soll ein Austausch sein, aber diesen gibt es nur als Möglichkeit, nicht als Zwang.

Ausweichen. Auch dies gehört zu den Tugenden unserer Christlichkeit: Dass man „etwas nicht ausweicht“, nicht dem Konflikt, nicht „der eigenen Schuld“. Ein aufrichtiges Leben stellt sich den Tatsachen und weicht ihnen nicht aus.

Authentizität. Echt zu sein, nicht gekünstelt zu wirken, nicht erstarrt zu sein in Geläufigem, Amtskirchlichem – das ist die noble Aufgabe aller, die sich eine wahre, echte, mitreißende und glühende Kirche wünschen. „Wir müssen authentisch sein“, ja, „Authentizität ist wichtig“ sind Formeln, die eine Not anzeigen. Dass eben fast alle kirchlichen Dokumente und Reden nicht gerade wie ein frischer Morgen wirken, nicht wie ein Quell der Frische … Authentizität ist das Schwerste, das eine Person zuerkannt bekommen kann: Sprechen, als sei es nicht lange eingeübt, sondern aus dem Moment heraus geboren.

Bedrückung. Ein Gefühl des Zorns oder eines der Empörung wird gern durch dieses Wort noch stärker kenntlich gemacht. „Ich bin in heftiger Bedrückung" – und meint damit keine anrollende Grippe, sondern ist ein Statement, um ein Elend in der Welt zu charakterisieren. Oder, innerlich gemeint, ein Gefühl der Trauer: Der Verlust einer geliebten Person kann eben eine Bedrückung nach sich ziehen – es klingt so oder so gewichtig und gut.

Begegnungen. „Viele gute Begegnungen" berichtet man gern, zurückgekommen vom Kirchentag oder aus einem Wochenende in einer Evangelischen Akademie, mit einem „Reichtum der Begegnungen auf Augenhöhe". Meetings sind Begegnungen in formalisierter Weise. Aber, keine Spöttelei: In dem Gruß „Ich wünsche Ihnen gute Begegnungen" schwingt stets auch eine taktvolle Distanz zum Smalltalk, zu oberflächlichem Gerede mit.

Beieinander. Fast poetisch anmutende Wendung vom Umstand, dass da ein Kommunikationsakt gelang: „In guter Weise beieinander" sein heißt nicht, dass keine Konflikte im Spiel waren, sondern dass diese verständig erörtert werden konnten.

Berühren. Ziel und Zustand aller Wahrnehmung, die exzeptionell funktioniert. „Lassen wir uns berühren" ist zunächst nur ein Appell, sich nicht zu verlieren, aber „Ich habe mich berühren lassen" meldet den Vollzug – es gab ein Moment von Gänsehäutigkeit. Dieser kostbare Moment indes ist auch die Absicht aller Werbung: mit Bildern und Tönen eine Verbindung zum

Konsumenten herzustellen, etwa bei einem Konzert oder in einer Ausstellung. Berührung meint indes immer einen körperlosen Zustand, ein Inneres.

Beschweren. „Das macht mir Beschwer" ist eine Information über eine Sachlage, die jede Leichtigkeit entbehrt. Das können böse Briefe, fiese Anrufe, schlimme Nachrichten sein, persönliche oder politische.

Bestärken. Stärken stärken war einst ein Motto einer Zeitung, die zu klein für den Massenmarkt war, aber zu groß für den Anspruch, nur eine Vereinspostille zu sein. Es meinte, die Stärke dieses Mediums, in diesem Fall die erzählende Reportage, auszubauen. Jedenfalls: Bestärkung verdient das Gute, das Ungute braucht sie ja nicht. Gepaart ist die Hervorhebung des Auszubauenden mit „Ermutigung" – also die offensive Rede vom möglichen, ja, wahrscheinlich Gelingenden. Es ist ein Begriff aus der Motivationspsychologie, der in die kirchliche Sprache fugenlos Eingang gefunden hat.

Beteiligen. Wird davon gesprochen, „aus Betroffenen Beteiligte zu machen", heißt das, dass die Idee der Partizipation ernst genommen werden sollte. Kirche möge also über Muslime oder Homosexuelle nicht nur reden, wie sie die längste Zeit ihres Seins getan hat, sondern mit ihnen, den Betroffenen, sprechen. Guter Vorsatz, der gar nicht schwer zu realisieren ist.

Betroffen. Sich so zu fühlen, so zu sein – ein betroffener Mensch: Das ist ein Treffer der Wahrnehmung, der nicht bagatellisiert werden darf. Betroffene sind immer auch die Objekte von etwas, beispielsweise von Politik, gleich wo. Das Betreffende oder die Betroffenen zu spüren ist noch besser als alles sonst. Da ist man immer auf der richtigen Seite.

Behutsam. Bloß nichts überstürzen, alles muss mit Sachtheit angegangen werden. „Behutsames Einfühlen", ja, „heilende Behutsamkeit" sind von sanftester Tugendhaftigkeit. Gegenteil von Drängeligkeit, von Kommunikation, die befiehlt und verordnet – nein, behutsam ist auch vielversprechender, weil nachhaltiger.

Bejahen. „Im Innern bejaht" bezeichnet einen Unterschied zu „Habe ich akzeptiert" – denn die Bejahung trägt noch die Einsicht ins Verfügte oder ins Gegebene in sich. Bejaht ist ein Wort, das indes kein Gegenteil kennt. Beneint – das ist nur eine Vokabel, die nur geäußert werden kann, wenn es ganz schlimm gekommen ist.

Bewegen. Der Klassiker der Bürgerrechtsbewegung Amerikas, der Gospel „We shall not be moved" sagt es treffend: Man ist bewegt, man bewegt sich widerständig, man ist Teil einer sich fortbewegenden Motorik zum Guten. Zwar sind auch rechtspopulistische Bewegungen solche selbst, aber sie können nicht beanspruchen, das Gute und Lebendige zu repräsentieren. Es bewegt einen – das ist die Bilanz eines Gefühls, das mehr ist als einfach nur am Leben zu sein.

Bewahren. „Ich bin bewahrt worden" oder „Ich habe Bewahrung erfahren" sind Beispiele christlich inspirierten Sprechens, die seine Akteure und Akteurinnen als in der Tat christlich ausweist: Sonst sagt es ja niemand in dieser Ausdrücklichkeit.

Beziehung. Vokabel, die es in der populären Form vor zwei Generationen nicht gab: Ehen schloss man, oft auch, weil es nicht anders ging; Beziehungen indes geht man ein oder hat sie, weil sie sich entwickelt haben und weil deren Träger und Trägerinnen es ausdrücklich so wollen. Beispiel für ein Wort, das ursprünglich nur das Sachliche meinte, denn man hat ja auch mit Unsympathen Beziehungen. In „Beziehung leben“ meint, das Zusammenleben ernsthaft zu betreiben, eben auch, sich störrisch dem Alltagstrott zu verweigern.

Bindung. Früher waren Ehen Gemeinschaften, die sein mussten, um, etwa mit einem Kind unterwegs, nicht Parias zu sein. Das weiß heute ja niemand mehr, der jung ist: Nichteheliche Kinder waren einst Aussätzige, die ein schlechtes Licht vor allem auf deren Mütter warfen. Heutzutage gibt es fast nur noch Beziehungen, die man will – so dass eine „Freiheit in Bindung“ entstehen kann: in der Ehe klassisch etwa. ‚Hinter der Redeweise verbirgt sich indes auch ein Misstrauen gegenüber, ja, eine Ablehnung der Freiheit des Individuums.

Bitten: „Ich bitte Sie herzlich“ heißt, von einem kirchlichen Personaldezernenten ausgesprochen, nichts anderes als: Ich fordere Sie auf, dass ....

Blick. Der Appell fehlt nur selten in kirchlichen Text: Dass der „Blick geweitet“ werden sollte. Denn es ist ja richtig: Nur ER hat alles vollständig auf dem Schirm beziehungsweise nur wir glauben, dass es so ist. Ein menschlicher Blick ist stets ein fehlerhafter, deshalb ist die Aufforderung, ihn nachzujustieren, ja nie falsch.

Brücke. Eine solche „zu anderen Menschen“ zu bauen ist der wichtigste Job eines jeden Pfarrers, gleich welchen Geschlechts. Zwischen Menschen lauern Abgründe – und die werden vielleicht nicht geschlossen, aber zu überschreiten möglich gemacht durch eben Brücken. Wort, das sich immer empfiehlt, wenn nichts mehr an Zuversichtlichkeit in der Ansprache an eine Gemeinde hilft: Brückenbauer zu sein ist ein sicheres Berufsfeld.

Charisma. Etwas aus der Mode gekommen: Was ist das schon – Charisma? Eine körperlich durchs Reden und Gestikulieren konturierte Autorität? Charisma ist eine Attributierung, die jeder für sich wünscht – und doch nur wenigen zuerkannt ist. Aber „Charismen“ werden seit Paulus in der Gemeinde ja gnädig und an alle verteilt.

Da. Ein Wörtchen, unscheinbar wie ein Tropfen Morgentau auf einer Wiese voller Blumen – da! „Einfach da sein“ oder „Ich bin gut da“, vom „Ich bin für dich da“ zu schweigen. Da ist ein Platz, und ich bin dort, für Dich, jetzt und hier, ohne Frage, ohne Grund – sei versichert. Das ist theologisch in Bibliotheken begründet, das erschließt sich dem basisverhafteten Christen oder der Christin auch ohne Studium von Bibliotheken einfach so. Da zu sein, wo Not an der Frau oder am Mann ist. Da sein – das ist die topographisch unbestimmte und zugleich bestimmte Verortung in der Existenz des Anderen selbst.

Dankbar. Vom Dank handelt ein modernes Kirchenlied, Dank ist die Geste der Antwort auf so vieles, was das Leben erträglich macht, das Essen, die Wärme und die Nähe. Manche sagen „Ich bin dankbar“, häufiger wird geäußert „Ich bin sehr dankbar“. Man könnte meinen, Danke zu sagen in ausufernder Frequenz sei nervtötend, aber besser einmal mehr als einmal zu wenig. Dank im staatsbürgerlichen Sinne ist tendenziell unpassend, christlich indes verdient es goldene Erwähnung.

Demut. Schwer zu sagen, was dieses Wort genau meint: Das Wissen womöglich, dass man nicht allein ist auf der Welt, dass man kein Schöpfer ist, schon gar keiner der ganzen Welt. Demut zu betonen empfiehlt sich immer, auch die Formel „das hat meine Demut gestärkt“ darf gern dann und wann eingeflochten werden. Nur lächeln darf man nicht: Demut erfordert ernsthaftes Mienenspiel.

Denken. Der Mensch denkt, ist er auf der Welt. In Kirchen und ihren Gremien wird viel gedacht, und das soll auch so sein, sonst wäre das Christliche ja pure Esoterik, zumal eine ohne Fundament. „Das Soziale neu denken“ fällt als irdisches Moment der politischen Beteiligung gern auf: Das Soziale nicht als Sozialstaatstransferleistung, sondern als soziales, solidarisches Handeln? Wer in Reden das Denken zu oft betont, verdient ein Gran Misstrauen: Was will der mir verkaufen, dass es womöglich gar nicht sozial ist?

Du. Wichtigstes Personalpronomen, noch vor dem „Wir“. Du als zweibuchstabiges Konstrukt sieht offensiv vom „Ich“ ab, betont das Gegenüber und eine Intimität, ja, Innigkeit der brückengeschlagenen Botschaft, die Kraft hat wie keine andere Personalkonstruktion, um es mal ins Sachliche zu heben. „Ganz bei Dir“ meint im außerkirchlichen Alltag auch Zustimmung, die keine unbedingte sein muss: Praktisch bedeutet es, verstanden worden zu sein. Es meint ungefähr das Gleiche wie ein Politiker, der im Laufe eines Tages gefühlt vier Millionen kommunale Anliegen angetragen bekommt und freundlich bleiben muss, so dass er sagen kann, „Das nehme ich jetzt mal mit“. Heißt nichts Konkretes und bleibt doch verbindlich, meidet jedenfalls das eventuell Zutreffende, nämlich „Lassen Sie mich mit ihren Anliegen mal fünf Minuten in Ruhe“.

Dürfen. Bei Kirchens darf nichts gemusst werden, nichts darf den demutsvollen Horizont überschreiten, kein Egoshooting ist möglich. „Danke, dass ich hier sein darf“ ist eine freundliche Formel, die auf Ergebenheit ohne Untertänigkeit setzt. Dürfen ist erlaubt, müssen verpönt.

Einladen. Herzensvokabel moderner Christenheit: „Sie sind eingeladen mitzubeten“ und sich „eingeladen und genannt fühlen“ – das ist in einer Zeit, in der moralisch eine kirchliche Mitgliedschaft sozial noch lange nicht irgendetwas gesellschaftlich ansehensfähig macht, auch geraten. Nämlich einzuladen, das heißt, verführt zu werden. Zwang anzuwenden ist vorbei.

Einlassen. Keine Intarsie wird eingelassen hier, nicht um den feinhandwerklichen Vorgang geht es hier, vielmehr handelt es sich um einen Prozess der Problembefassung, auf den „wir uns einlassen müssen". Also auf die Frage von Krieg und Frieden, auf die Frage von sozialer Gerechtigkeit, von Geschlechtergerechtigkeit und religiöser Vielfalt. Überall sind Dinge, mit denen man sich befassen – also sich einlassen sollte.

Entgegen gehen. „Dem Heil entgegen gehen" sagt heutzutage ja keiner mehr, das ist viel zu direkt gesprochen, und außerdem weiß niemand so recht, was dieses Heil genau bedeuten könnte. Also geht man entgegen – ganz im Sinne der ewigen Arbeit im Weinberg …

Erfahren. „Erfahrung wahrnehmen" ist ein Formelchen aus Kirchensprech, der die Erfahrung schlechthin nicht genug ist, sondern auch noch darum bittet, sie zu realisieren als gemacht. Erfahrungen zu sammeln bleibt niemandem erspart, gut so, aber sie auch nicht unabgewiesen zu lassen, bedeutet, sie auch noch ernst zu nehmen.

Erkennen. Christen erkennt man nicht nur am Kreuz-Anhänger an einer Halskette, aber woran sonst, das ist nicht immer ganz offenkundig. „Erkennbar sein" ist gleichwohl der Traum aller Marketingabteilungen, die hoffen, dass ihr am Markt platziertes Produkt nicht eines unter vielen ist, sondern als Besonderes hervorsticht. Erkenne dich als Christen oder Christin: Die Marketingleute haben sich die Not, als Menschen in Jesu Nachfolge erkennbar zu sein, abgeschaut.

Ermutigung. Alle wollen sich stetig ermutigen, und Kirchentage müssen als „Ermutigungspunkte“ genommen werden: Zehntausende vor allem junge Christenmenschen kommen zusammen und preisen den Herrn wie auch das irdische Leben, das sie kulturell wie politisch besser machen wollen. „Ich will Sie ermutigen“ ist als Satz freilich ein wenig aus der Mode gekommen – allzu pathetisch der Klang. Aber, okay, Entmutigung ist ohnehin überall – dann lieber das Gegenteil preisen.

Ernst nehmen. Dass das Leben keine Generalprobe und also in jeder Hinsicht ernst genommen zu werden verdient, das weiß vielleicht nicht jedes Kind, aber Erwachsene, die ahnen das schon sehr. Wichtiger aber noch scheint, die „Angst ernst zu nehmen“, also die eigene Endlichkeit, den Tod, die potentiell überall lauernde Versehrung durch irdische Umstände. Ernst ist nicht notgedrungen das Gegenteil von Spaß, aber ohne ihn wäre Letzterer nicht lustig.

Fordern. Selbstverständlich ist das ein immer richtiger Satz: „ER fordert uns heraus.“ Deshalb darf auch geschlussfolgert werden: „Wir sind gefordert.“ Also die Botschaft jesuanischer Art nicht als spirituelle Hängemattengemeinschaft misszuverstehen, sondern als Herausforderung. Dass wir innerbetrieblich gefordert sind, weiß andererseits auch jeder: Christliche Rhetorik weiß das Wort vom Fordern dosiert einzusetzen.

In Frage stellen. „Man muss sich immer wieder in Frage stellen“, denn „ER stellt uns in Frage“: Das ist wiederum nicht leicht. Wer wollte nicht auch mal in Ruhe gelassen sein und sich nicht in Frage stellen? Ein Tag im gewohnten Trott: Warum nicht? ER wird schon noch kommen und uns daran erinnern, dass das mit den Routinen des Tages auch böse enden kann.

Fruchtbar. Allzweckwaffe fürs ewig Richtige mit botanischem Charme. Streit an sich muss nicht verkehrt sein, erst im Konflikt klärt sich das Strittige. Spricht einer von einem „fruchtbaren Streit", heißt das nur, dass der Konflikt gelohnt hat, die Luft gereinigt ist und das Leben mit neuen Erkenntnissen und Erfahrungen weiter gehen kann.

Fühlen. Die menschliche Kreatur – ist ja eine notgedrungen nicht immer tapfere. Ich „fühle mich hilflos" lautet eine Klage oft, aber auch ist die erleichterte Rede davon, „mich angenommen zu fühlen". Gefühle zu spüren – das ist das Wichtige, das am Menschsein Bemerkenswerte. In der modernen Kirche sind Gefühle ein Wert ohnegleichen, im Guten wie im Bösen. Gute Gefühle sind schöner, aber böse dürfen auch sein: Fühlen ist für Menschen, die in eine arbeitsteilig hochkomplizierte Welt eingebunden sind und zu funktionieren haben, ein Pfund, das in die Waagschale des Lebens erst wieder als Luxusgut gelegt zu werden verdient. Ohne Gefühle keine Empfindungen, keine Kommunikation – ohne Emotion, mithin, wären wir alle Avatare und Maschinen ohne Sinn und Verstand. Das Fühlen, das Gefühl – dies sei nicht mit dem modischen Wort „Empathie" verwechselt. Die neue Vokabel entstammt den psychologisch-neuolinguistischen Wissenschaften und meint Gefühligkeit – nötigenfalls ohne Herzensstrom.

Gabe. Sexuelles war und ist ja in katholisch-kirchlichen Gedankenwelten entweder ein schmutziges Tun oder allenfalls zur Fortpflanzung nützlich. Lust? Begierde? Schwierig. „Sexualität als gute Gabe Gottes" ist die Kompromissformel, also Sexuelles nicht als pures Triebgeschehen, als Möglichkeit der Lust, sondern als Gabe, die gewertschätzt werden sollte. Die Ehe sei ebenfalls eine „gute Gabe Gottes" – keine Zwangsveranstaltung, um moralische Intaktheit zu garantieren, sondern als gute Möglichkeit der Paarbildung.

Ganz. Wer sich nicht sicher ist, füllt seinen oder ihren Text mit diesem Wörtchen an. „Ganz sein/fühlen“, „ganzheitlich“ und „ganz bei Dir“ – Chiffren, die die Unsicherheit menschlichen Sprechens nur andeuten. Ganz bei Trost ist ja niemand im Irdischen, aber wer dauernd „ganz“ zur Anreicherung nutzt, verdient ein doppeltes Zuhören: Was will er oder sie uns nun wirklich sagen? Verzichtbarste Vokabel in allen Reden.

Ganz klar. Manchmal wird um Klärung, um Klarheit gerungen – und wer, wie eine Vorsitzende einer von Christen und Christinnen gern gewählten Partei, stetig von „ganz klar“ spricht, wenn etwa von diesem oder jenem die Rede ist, muss misstrauisch werden. Denn reicht nicht ein „klar“, ein „klar scheint mir“ oder ein „klar ist mindestens“? Eben.

Genannt sein. Wer auf der Bühne steht als Musiker und nach einem Konzert die Namen der Band nicht nennt, versagt menschlich. Menschen wollen genannt sein, sie wollen, eine Errungenschaft der Moderne, sich „genannt fühlen“. Wer das unterlässt, weiß nicht, dass alles Tun im Gelungenen Resultat einer Teamleistung ist. Selbst die zarteste Triangel möchte nicht unerwähnt bleiben. Ist das so schwer?

Gemeinsam. Christliches meint – vielleicht mit Ausnahme des Papstes – kein Singuläres, kein Solistisches – Jesus hin, die Evangelisten her: Alles kann nur im Team geleistet werden, und zwar gemeinsam. „Gemeinsam auf die Reise gehen“ verkörpert das Ideal aller, die auf der Suche sind, eben mit anderen zusammen. Ohne ein Gemeinsames kein Christentum, kein Vereinswesen, keine Sinnstiftung jenseits des eigenen Ich.

Gerecht. So sagt man es, wenn man auf Nummer sicher gehen will beim Publikum, es ist die Wendung der einschmeichelnden, zugleich sichernden Einvernahme – die vom „achtsamen und gerechten Handeln". Was auch immer die Formel genau bedeuten mag: Sie ist nicht falsch.

Gestalten. Das mit der Gestaltung ist ja so eine Sache: „Zukunft gestalten" oder „Die Beziehung gestalten" – alles klingt nach Arbeit, nach Plackerei, nach Mühsal und auch ein wenig nach Verdruss. Wer zuviel von Gestaltung spricht, darf man vermuten, hat keinen echten Plan, sondern nur den Anspruch, für das Morgen einen zu haben.

Gespräch. Beiläufige bis konzentriert gehandhabte Kommunikationsform mit Sinn. Formeln wie „gutes Gespräch", „Gesprächsangebot", gar „Gesprächskultur" oder „gute Gespräche und Begegnungen" tragen das Kommunikative mit Menschen untereinander in sich. Ein Gespräch ist besser als kein Gespräch, abgesehen von Personalgesprächen, die immer die Form von Prüfungen haben, solche, die mit Kündigungen enden. Aber, Gespräche unter gleichgestellten Christen sind solche, die ihre Wahrheit als Gespräch in sich tragen. Und das ist auch gut so!

Glauben. So allgemein kommt niemand davon, denn ein Glaube ist noch kein Glauben. Mit diesem Verb will einer sagen, dass man nicht alles verstanden hat, jedenfalls nicht akkurat, aber doch vermutet, alles begriffen zu haben: „Ich glaube, ich weiß, was du meinst" ist von glühender Vagheit und doch ein kommunikatives Signal an das Gegenüber, nicht vollständigen Bullshit geredet zu haben. Eine Art Friedenspfeife des Sprachlichen, um den Fluss des Sprechens und Austauschens zu versiegen zu lassen.

Glaubwürdig. Härtestes Lob, feinstes Kompliment – als „glaubwürdiger Mensch" empfunden zu werden. Worte wie Echtheit, Authentizität oder Glaubwürdigkeit verweisen auf die

Not, dass niemand nur Phrasen auswendig lernen darf, um erkannt zu werden: Das Publikum, notorisch empfindsam für die Taschenspielertricks der Rhetorik, erkennt das, was es glauben möchte, auf Anhieb. Wer täuscht, fliegt aus dem Spiel – so kalt mag ER es eingerichtet haben.

Gleichsam. Gleichzeitig, gleichwohl, gleichsam: „Gleichsam hineingegeben“ ist eine altmodische Sprachformel, die nichts als altmodisch ist und damit signalisiert, mit dem Traditionellen verbunden zu sein: Wer „gleichsam“ wie selbstverständlich zu sprechen weiß, hat immer ein paar Herzen schon gewonnen.

Glück. „Viel Glück und viel Segen“ ist als Geburtstagslied populär und geläufig. Es ist freundlich im Klang und blamiert auch niemanden, der gewöhnlich keinen geraden Ton zu singen fähig ist. Glück ist das, was jeder Mensch braucht – und doch kann man es nicht bestellen. Das hat sich seit Jesu Zeiten nicht geändert, gut so. Sonst wäre ja alles planbar.

Grenzen. Immer sind sie negativ, gute Grenzen gibt es nur auf Nachfrage. Etwa, wenn jemand darauf beharrt, die eigenen seelischen Grenzen respektiert sehen zu wollen. Aber Grenzen an sich – die sind nicht der Christen und Christinnen Fall. Grenzen hindern Menschen daran zu flüchten, wie es schon bei den Nazis war, als sich Juden und Jüdinnen damit konfrontiert sahen, dass die Grenzen, die sie zu überwinden versuchten, ihnen verschlossen waren. Christlichkeit ist grenzenlos: „Der Gott, der Grenzen überspringt“, das ist der, auf den sich Christenmenschen einigen wollen. Gute Grenzen – nein!

Handeln. Nichts an ersichtlicher Tätigkeit ist an sich gut – aber „verantwortliches Handeln“ oder auch „heilendes Handeln“ unterstellt, dass da jemand etwas tut und den guten Zweck der Tätigkeit mit bedacht hat. Eigentlich eine Formulierung der

Überflüssigkeit, aber besser, man sagt, dass etwas gut ist, als dass es übergangen werden könnte.

Haltung. Um zu sagen, dass man die Position des anderen so gar nicht schätzt, ja, sie für irre und mindestens verstörend hält, empfiehlt es sich nicht, genau dies auszusprechen. Deutsche mögen das Volk der sachorientierten Ingenieurwissenschaften sein, aber man hat doch gelernt, schroffe Mündlichkeit weicher zu halten. „Ich vermisse an ihm Haltung" darf als Formulierung des signifikanten Dissenses genommen werden. Haltung hat man nur selbst, einem anderen diese abzusprechen, grenzt an Ehrverletzung: Diese aber in aller Höflichkeit.

Heilsam. Eine Lehre, die heilsam gerät, ist eine, bei der man sich selbst schweren Schaden zugefügt hat, aus der man aber lernen möchte und wird. „Das ist uns heilsam" ist eine Wendung, die genau dies im gemeinschaftlichen Sinne ausdrücken möchte: Da hat man viel zu viele Jahre Dinge übersehen, nicht beachtet oder sie beinah absichtsvoll nicht in den Blick genommen. Aber jetzt, das ist das Heilsame, will man es besser machen.

Herz. Wichtiges, kleines, nur vier Buchstaben umfassendes Wort aus dem Fach der Anatomie – „Herz" meint das Seelische, das indes dieses Organ gar nicht in sich trägt. Etwas sich „zu Herzen nehmen" ist umgangssprachlich immer noch die beste Möglichkeit darauf hinzuweisen, dass man nun eine Sache wirklich und wahrhaftig ernst nimmt.

Herausforderungen. Alle Christen und Christinnen stehen jeden Tag mit jeder Sekunden vor diesen – Herausforderungen, um das Leben zu meistern, möglichst in tugendhafter Art, im Sinne der Zehn Gebote. Eine Herausforderung kann indes auch Praktisches in genereller Hinsicht bedeuten: die der Digitalisierung, einer guten Politik im Angesicht tyrannischer

Aggressionen. Eigentlich meint das Wort nichts als: Da kommt Arbeit auf uns zu.

Hilfe. Darauf hinzuweisen, dass man nicht das Elend der Welt, und liegt es vor den eigenen Füßen, beseitigt hat, frustriert. „Ich fühle mich hilflos“, oder „Unsere Hilfe ist im Namen des Herrn“ sind Angebote, die Verzweiflung ob der irdischen Plagen irgendwie in den Griff zu kriegen. Hilfe jedenfalls muss von Christen immer und überall erwartet werden, sonst wären es keine Christen – „Hilfe“ als solche ist, so gesehen, eine Mahnung, sich nicht selbst allzu sehr zu genießen. Man sage, unbedingt beachten: „Helfen Sie mit“ statt: „Tragen Sie dazu bei“.

Hinschauen. Im Tugendkatalog des Alltags ist dieses Wort natürlich gelistet: Einen Verkäufer einer Arbeitslosenzeitung in der U-Bahn ignoriert zu haben, also nicht hingeschaut zu haben, ist von Übel und unterläuft doch jedem und jeder immer wieder. Niemand kann immer und überall hinschauen. Sollte es aber: Das schlechte Gewissen kommt so nie zur Ruhe, was ja prinzipiell die Idee eines Über-Ichs ist – am Ideal eines guten Lebens zu scheitern.

Hinterfragen. „Uns kritisch hinterfragen“ ist immer eine schöne Übung, um das Gewohnte, wenn es denn sein muss, auf den Kopf zu stellen. Es ist zudem eine kirchliche Kernübung im Sprachlichen, um das Routinierte daraufhin zu überprüfen, ob es noch für ein Jetziges und Heutiges ausreicht. Floskel in jeder Hinsicht.

Hören. Ebenso wie das Zuhören ist dies eine passive Angelegenheit. „Auf Geschichten hören“, „hinhören“ oder das kirchische Konstrukt von „habe ich sehr gehört“ meint ein Ankommen des Gesagten. Trifft dies auch noch auf wärmste Zustimmung, folgt gern ein „Ich kann das gut hören". Das Problem: Es kann auch, häufiger sogar, das genaue Gegenteil bedeuten, nämlich die völlige Ablehnung des Gesagten. Generell meint das Hören, aus der Stummheit des Alltags heraus die Ohren nicht zu verschließen und sich anderen Menschen zu widmen.

Innerlich. Menschen möchten oft, gerade in jugendlichen Zeiten, anderen, ob dem gleichen Geschlecht oder dem eigenen gegenüber nah sein. Innerlich aber in Nähe zu geraten ist schon schwieriger: „Innerlich ganz nahe zu sein" und dies auch auszusprechen signalisiert zweierlei, nicht notwendigerweise gleichzeitig oder in gleicher Weise meinend: Entweder für Körperliches bereit zu sein oder dem Anderen vollständiges Verstehen entgegenzubringen. Innerlich ist meist besser als äußerlich – es bringt die Saiten des Seelischen mehr als alles andere zum Klingen.

Kapitalismus. Ein Wort wie ein Peitschenknall, eine rhetorische Trivialität sondergleichen. Niemand würde je in irgendeinem Kirchenzirkel sagen: Ey, ich finde Kapitalismus eigentlich okay, man kann manches besser machen, ja, sollte es auch – aber insgesamt geht es der Welt doch besser denn je ... Nein, Kapitalismus ist ein Begriff, der immer negativ gemeint ist. Um ihn zu steigern, wird gern ein tremolierend wirkendes „brutalst" angefügt: Brutalstkapitalismus ist ungefähr das moralisch Schlimmste, das einem weltlichen Zustand attestiert werden kann. Dass das von historischem Wissen ungetrübt ist, muss keine Rolle spielen. Kapitalismus ist, wenn Dinge schlimm sind und unaushaltbar scheinen.

Kantig. Wer beansprucht, Gehör zu finden, preist sich selbst als kantig und eckig. Niemand käme auch nur auf den Ersatzplatz für einen Kirchenvorstand, täte er (oder sie) sagen: Also, ich bin nicht so kantig, mir wurde beigebracht, eher so wie alle zu sein

– stromlinienförmig. Das wäre ein ganz schlechtes Marketing in eigener Sache: Kantig ist zwar so recht niemand, weil die Verwandtschaft zum Nervenden so nah liegt, deshalb kommt es umso mehr darauf an, dieses von sich zu behaupten.

Kinder. Wer sich auf sie beruft und zugleich auf ein Zukünftiges, hat rhetorisch seine (oder ihre) Schäfchen mindestens halb im Trockenen. Niemand weiß, was morgen ist, das kann nur ER, die Weissagerei, aber im Zusammenhang mit Kindern, für die man das alles tue, ist alle Rede gülden und wahrhaftig. Man nehme den Verweis auf die kleinen Menschen also stets als Ausrede – indes: Wer genau dies enthüllt, hat verspielt. Kinder sind heilig.

Klärung. Konflikte um Themen oder Personen sind oft in ihrem Verlauf von hässlichem Uneinvernehmen. So braucht es eine Klärung, und für diese sogenannte „Klärungsangebote“ – also etwa einen Rahmen, um allen Beteiligten im Falle einer Niederlage – ja, die gibt's! – die Gesichtswahrung zu ermöglichen.

Kontrovers. Wer das Wort von einer „kontroversen Diskussion“ nutzt, meint, es gehe heiß her, um nicht zu sagen: Da kracht es. Da ist wirklich kein kuscheliger Spaß mehr am Wirken, sondern da ist Differenz, und zwar eine kaum aufhebbare, da ist Streit, ja, da knallen auch Türen und verfinstern sich Gemüter. Eigentlich ist die Wendung gleichwohl von größter Albernheit: Eine Diskussion wäre keine, würden in ihrem Verlauf nicht auch Kontroversen zum Thema werden. Gewöhnlich meint „Diskussion“ ein Gespräch, in dem es um wenig bis nichts geht – erst durch die Anfügung „kontrovers“ kommt das Salz in die (sonst ja fade) Suppe.

Kostbar. Ein Wort, das es vor zwei Generationen gesprächsweise nicht gab, aber es umreißt ein Urteil, das eine besondere

Qualität zur Äußerung bringt. „Das sind mir kostbare Begegnungen“ ist eine Wendung aus diesem Arsenal – und bedeutet, dass man eine Person traf und mit ihr über die gewöhnlichen Routinen hinweg eine interessante Zeit hatte.

Kränken. Jemanden zu kränken – das ist ungefähr das Allerschlimmste, das einem unterlaufen kann und unbedingt vermieden werden muss. Noch schlimmer ist, attestiert zu bekommen, dass man jemanden schwer gekränkt hat. Aktuell gibt es nur die Steigerung, die die Vokabel „traumatisieren“ meint. Aber zu kränken meint schon alles, was des Christen Sprechen und Handeln nicht sein darf: Eine Kränkung zu behaupten ist zugleich die schärfste Waffe im Kampf um die höchsten Raten von Empfindsamkeit.

Krumm. Wer gebeugt geht, krumm also, leidet entweder an einer körperlichen Einschränkung oder vermag das eigene Rückgrat nicht zu strecken – beides aber ist als Aggregatzustand des Seins zwiespältig: Ein krummes Holz, das wir alle ja sind, ist dagegen ein Pfund in jeder Gemeinde oder Synode: Wer glaubwürdig dies zu sein behauptet, hat schon halb gewonnen.

Kuschelkirche. Nein, eine solche will man nicht – lieber eine Kirche, die Rufe hört oder Signale sendet, eine Agentur der Mahnung, nicht der Schmiegung oder Kuschelung. Da alles zusammen als Beschreibung des Lebens in einer Institution nicht geht, nicht gehen kann, weil Dinge sich nun einmal ausschließen, bleibt die Kirche kuschelig, ist klar. Sie bliebe ein Wärmenest in den zugigen Winden des Jetzt jenseits des Glaubens – und sie will es doch nicht sein. Ein Dilemma lebendigster Art.

Lassen. Ein Wort, das etwas Appellatives anzeigt. Man sage also nicht: Gehen wir! Sondern: Lasst uns gehen! So erst wird das

Momentum des atomsekundenverweilenden Innehaltens betont. Lasst uns beten – eine Aufforderung, die durch das erste Wort verstärkenden, unabweisbaren Charakter erhält.

Lasten. Das Leben ist öfter, als einem lieb ist, genau das: ein Bündel von Lasten. Neu an der christlichen Sprache ist etwa die Wendung von den „interkulturellen Vielfältigkeitslasten", die nur darauf verweisen, dass die Sprechenden selbst mehr als nur zu ahnen beginnen, die Zeiten der amtskirchlichen Monopole der Sinnstifter könnte bald vorbei sein.

Leben. „Leben in Fülle haben", „Was dem Leben dient" oder auch „Sitz im Leben" sind Perlen der Selbstverständigung im Sprachlichen. Das Leben als Leben zu erwähnen ist schon deshalb ein wenig ambivalent, weil ja nur die Lebenden dies hören können. Wer in der Rhetorik allzu stark auf diesen Begriff setzt, muss damit rechnen, für einen Tiefstapler gehalten zu werden: Das Leben ist schließlich spannender als alles, was man sich unter diesem vorstellt.

Lebendig. Insofern ist der Hinweis auf diesen Zustand, lebendig sein, auch nur von zweifelhafter Kraft. Wer fühlt sich schon immer so? Meistens schlägt das Herz, man ist gesund, man schlägt sich so durch und möchte auch nicht dauernd alles reflektieren, weil es gerade so ist, wie es ist: okay bis gut. Und doch ist die Formel vom „lebendig fühlen" und die Rede von der „lebendigen Kraft in unserer Mitte" zwar von altfränkischer Tradition, so solide wie eine Kommode, die nicht aus dem Einrichtungshaus stammt, doch eben ein Hinweis: Es ginge ja auch ganz anders – also ist es besser so, man versichert sich, dass das Lebendige einen erfasst, in jeder Sekunde.

Leer. Zustand, der befürchtet wird wie kein anderer, abgesehen vom Tod, aber von dem wird ja angenommen, dass er nicht das allerletzte Wort in eigener Sache ist. Inhaltslos jedenfalls ist eine Leere dann, wenn auch christlich Sprechenden nichts mehr einfällt, wenn sie sagen wollen, dass keine Formel, kein sprachlicher Kompromiss mehr helfen kann, jedenfalls nicht in der allernächsten Zeit.

Legen. Wahlweise ließe sich hier auch „packen" nennen, gemeint ist nämlich ein Akt, der freundlich scheinen muss, sonst wäre es mit allen Lernprozessen passé. Es geht darum, dass einer oder eine etwas sagt, was in den Ohren anderer gerade die Charakterisierung als kompletten Unsinn verdient. So ein Schrott aber auch! Eine Seminararbeit, ein Debattenbeitrag, ein Diskussionsschnipsel. Man sagt das aber nicht, mit Unhöflichkeit schießt man sich ja selbst aus der Bahn des Ernstzunehmenden. So sagt man lieber dies: „Ich lege das jetzt mal daneben" – klingt unverdächtig und soll es ja auch. Aber es ist ausgesprochen: das Danebenliegende als alternatives Deutungsangebot. Darauf muss man erst mal kommen.

Lernen. Hat man etwas nicht begriffen, muss man gar realisieren, gewisse Dinge nicht verstanden zu haben, heißt es „voneinander lernen", am besten in einer Kirche als „Lernort", wo dann ein „Lernprozess" entstehen können. Lernen ist, jeder weiß das, ein oft unbequemer Zustand. Aber darauf zu verweisen, setzt alle in einen Taumel des Einverständnisses. Wer will schon öffentlich bekunden, gerade keine Lust aufs Lernen zu haben?

Machen. Woran man den Christenmenschen erkennt, ist manchmal simpel. Der Satz „Was macht das mit dir/mir?" spricht für sich, wo doch jeder gewöhnliche Menschen äußern würde „Was bewirkt das jetzt für mich/dich?" Eine aus dem Englischsprachigen übernommene Wendung, „what makes …", die ähnlich adaptiert wurde wie „Das macht Sinn".

Macht. Die riskante Seite der veränderten Ohnmacht. Kirchens reden nicht nur auf Kirchentagen von „Macht- und Ohnmachtsstrukturen“, von „Machtlosigkeit“ und „Machtrisiko“ – Macht entfernt von der Basis, und auf dieses gefährliche Spiel muss hingewiesen werden, sonst hätten moderne Christenmenschen ihre falschen Schlüsse aus dem finsteren christlichen Mittelalter gezogen.

Meinen. Die Rhetorik selbst gutwilligster Art mag perfekt sein, aber die Zuhörenden mögen sich „gemeint fühlen“. Meinen nicht als Tätigkeit von Meinungsausübung, sondern als Zuschreibung, durch eine Rede, durch ein Lied gemeint zu sein, angesprochen sich zu fühlen, im Herzen womöglich, in der Seele, auf dass sie baumele und zur Balance findet. „Ich fühle mich gemeint“ ist als Lob zu verstehen, nichts anderes.

Menschen. Im Mittelpunkt allen Lebens steht er eben, der Mensch. Und alle Texte gehen genau um diesen. Wendungen wie „menschenverachtend“, als Menschen anerkennen“, „als Mensch erkennen“, „die Lösung liegt bei den Menschen“, „den Menschen verpflichtet sein“ und „um der Menschen willen“ sind von größter Mahnhaftigkeit, atmen krasse „Gemeintheit“ des Menschen als solchen – doch ob es diesem hilft, ob dieser wirklich im Fokus aller Mühen steht, muss erst noch bewiesen werden. Als Baustein in Reden nur bedingt empfehlenswert – weil zu unkonkret.

Menschenfreundlich. Was soll er auch sonst sein, „der menschenfreundliche Gott“, wie es gern heißt? Gott ist schließlich durch die Menschen da, ja, manche sagen, ohne den Menschen gäbe es ihn nicht. Der menschenfeindliche Gott muss erst noch erfunden werden – er mag behauptet werden all der irdischen Pein, die er zulässt wegen. Aber er hat die Dinge, sei unterstellt, im Blick und tut das Seinige, Nöte zu lindern.

Mitdenken. In der Phrase vom „Danke fürs Mitdenken“ steckt alles an moderner Christlichkeit, was sich nur wünschen lässt. Mitdenken hofft auf das Gemeinsame einer Anstrengung, die oft als solche nicht kenntlich wird: Warum soll ich bei etwas mittun, das ich nicht billige? Gleichwohl: Mitdenken kann nie schaden!

Mitgehen. Eine Chiffre vollendeter Freundlichkeit, sie ist immer positiv gemeint. „Mit den Menschen/Leidenden mitgehen“, ja auch „Da kann ich gut mitgehen“ zeigt an, dass man sich innerlich und also gedanklich bewegt hat und zustimmt. Feines rhetorisches Ornament ohne Arg.

Mithelfen. Allein mitzuhelfen – dies zu betonen lockt noch niemanden hinterm Ofen hervor. Aber, wie es heißt, „notwendiges Mithelfen“, das ist schon eine andere Liga. Das bedeutet die Pflicht zur Hilfe, da bleibt keine Wahl, da ist Not, und in ihr wird Hilfe benötigt.

Mitnehmen. Vorsicht bei dieser Forderung: „Wir müssen alle mitnehmen“. Sie bedeutet, dass besonders freche Anforderungen abgeschmettert werden, weil ja so viele, so wird unterstellt, unverständig sind. Mitzunehmen, das sogenannte, ist als Credo der Alltagspraxis ein zähes Ding: Nicht alle wollen mit – und manche von ihnen absichtsvoll zurückbleiben. „Da fühle ich mich mitgenommen“ hingegen ist der Traum aller, die gerne andere mitnehmen, weil da einer sagt, er fühle sich nun überzeugt.

Mitte. Kein Ort ist, gleich ob psychologisch oder geographisch, so schwer auszumachen wie die Mitte. Auch im Körperlichen ist es mit der Recherche oft eine Lebensaufgabe: „Die Mitte finden“ kündet davon, auch die Rede von der „gestalteten Mitte“ deutet die Probleme an, denn „... da bin ich mitten unter ihnen". Mitte ist gut, Ränder sind schlecht: Bei Vorträgen ist die Mitte als der Ort der Sehnsucht immer noch beliebt.

Mittragen. Einer trage des anderen Last – schön und gut. Vor allem aber „ER will unser Leid mittragen" wie es heißt: Das Mittragen von Lasten ist immer klug dann, wenn man sich einer Solidargemeinschaft sicher weiß, dann ist man selbst nicht derjenige, der nur die anderen mit begünstigt.

Mut. Nichts ist im evangelischen (seltener: im katholischen, aber dort auch noch in Fülle) prägender, ja, womöglich sprachimprägnierender als dieses dreibuchstabige Wort. Mut braucht es für alles Mögliche, zur Theologie, zum Sein, zu diesem und jenem. Nicht den Ängsten folgen, sondern dem Mut folgen – so dekretierte ein ehemaliger Bundespräsident, der das Theologische schon qua Profession jenseits des Politischen zu beherrschen hatte. Mut, so oder so, ist etwas, den nicht hat, wer ihn einfordert. Verzagtheit, das darf als des Wortes Gegenteil verstanden werden, ist die Grunddisposition moderner Menschen: Man setzt eben auf die Sicherheit dessen, was man Zivilisation nennt. Mut, klar bekannt, ist eine Schmuckvokabel, die alles ziert, was für sich allzu karg klänge. Sei!, Glaube! oder auch Lebt! – klingt frugal, aber viel schöner auch ohne das ornamentöse „Mut".

Nachdenken. Eine Fülle von Kirchendokumenten weist diese Chiffre auf, in vielen Varianten. „Das Nach-Denken" oder „nachdenklich geworden", gar „nachdenklich gestimmt" – das ist das Wort der gehobenen Grübelei, eben des Nachdenkens über das, was geäußert wurde oder was passierte. Nachdenklichkeit gilt als gute Charaktereigenschaft, als Differenz zu allen, die ohne viel inneres Gewese tun, was zu tun ist – ohnmächtig womöglich, ungedacht. Evergreen unter den kirchlichen Spezialvokabeln seit den Sechzigerjahren.

Nahe. Wer möchte das nicht – wenigstens hin und wieder: „jemandem ganz nahe sein". Das Zauberische dieser Chiffre entfaltet sich erst durch die mitten in ihr stehende Anreicherung namens „ganz". Nah sein jemandem kann jeder – aber „ganz nah", das ist viel schwieriger. Dafür braucht es, hier muss es erwähnt werden, eine gewisse Nahbarkeit, ein Vermögen, kommunikativ nicht für eisig und starr gehalten zu werden. Wobei: Die härtesten Nüsse zu knacken, ihnen im Kern nahe zu kommen, das ist für Christen und Christinnen die tapferste Aufgabe überhaupt.

Not. Es ist nicht schicklich, schon gar nicht in Quartieren Wohlhabender, über Geld zu reden. Not und Elend? Betrifft nur die anderen. Bei Christens ist das anders, da ist das Wort „Not", gleich in welcher Form, akzeptabel, ja, von Herzen ein Leuchtmittel. „Was tut not?", „Sie sind in großer Not", „Wir fühlen uns in großer Not", , ja, sogar die alte Formulierung „Das macht mir Not" – sie alle deuten an, welche strahlende Kraft dieses Wort noch und ewig hat und haben wird. Not zu erwähnen macht wach; es auch zur anzudeuten, weckt allen Alarm, mit dem Zuhören und An-der-Seite-sein zu beginnen. Not fehlt in keiner guten christlichen Rede: Sie ist der Existenzgrund aller Nachfolge Jesu Christi, am Ende aller Tage.

Ohnmacht. Schwierige Situation, sich ohnmächtig zu fühlen", aber mit dieser Chiffre fängt das Bessere an: Sich der eigenen Ohnmacht zu vergewissern, dies auch noch im Kreis von Mitfühlenden, ist der Weg zur Macht, zur Umkehrung der Verhältnisse. Indes ist die Vokabel nicht mehr sehr populär: Sich ohnmächtig zu erklären entspricht keinem Seinsideal mehr.

Opfer. Irdischen Zuständen des Elends ausgesetzt zu sein, ja, ihr Opfer zu werden, sei es durch Gewalt oder durch ein Schicksal, macht aus Opfern noch keine edlen Wesen. Opfer können andere opfern – und dann sind diese „Opfer der Opfer". Für Christen und Christinnen ist dies eine schwierige Übung: Herauszufinden, wem das Mitgefühl, Mitleid oder das Verständnis gilt. Sich um Opfer zu kümmern ist eine Königsdisziplin christlicher Praxis – und schwer zu gestalten.

Profile. Spricht man von diesen, ist oft die Rede von der „Ökumene der Profile" – eine karge Chiffre für vieles und nichts. Jeder hat ein anderes Profil, jeder ist ein anderes Wesen: Sie in einen Reigen der Profilhaftigkeit eingebettet zu wissen, macht das Verständnis für Anderes nicht besser. Lässliche Floskel, ohne Belang im Alltag.

Pflicht. Wem sonst gilt christliche Praxis, wenn nicht dem Menschen? Doch diesen zunächst, noch vor den Tieren, die moralisch in jeder Hinsicht aktuell ihre beste Zeit haben: „Den Menschen verpflichtet zu sein" ist eine überhörbare Formel – denn ihr Inhalt versteht sich von allein. Pflichten als solche sind indes nicht so angesehen: Heutzutage geht es mehr um Rechte, um Partizipationen, um Teilhaben und der Mitwirkung an der Verteilung der Macht, um Einfluss und Rang. Aber dies bleibt in jeder kirchlichen Sprache seit Generationen gleich: Der Mensch ist das Objekt schlechthin, dem man sich verpflichtet fühlt, schon allein aus Gründen jesuanischer Nachfolge.

Ratlos. „Ich bin ratlos", meint eigentlich in der „Sprache Kanaans": „Das ist völliger Quatsch, was du da sagst." Ja, mehr als das: Dahinter steckt ein moralischer Vorwurf. Aber sich der eigenen ja immer nur irdischen Unzulänglichkeit zu vergewissern, ist ja keine Schande mehr. „Ich bin ratlos" muss insofern als nobler Satz verstanden werden, denn er bezeichnet den Sprechenenden als realistischen Akteur auf Erden. Nur ER weiß immer Rat, und selbst den erkennt man viel zu selten.

Ratlosigkeit ist ein psychischer Moment, mit dem zu arbeiten lohnt: gemeinsam mit anderen.

Respekt. Mit „Abstand und Respekt“ ist umrissen, wie unerträgliche Kommunikationen ins Ungefähre überführt werden können. Man bittet um Distanz und zugleich Anerkennung als solche – was sich Respekt nennt. Selten im Fundus christlicher Rede noch zu finden, aber immer noch gern gehört.

Richtigkeiten. Zeitungsartikel wie Kirchentagsresolutionen enthalten öfters, als ihren Anliegen gut tut, das, was in der Formel von „den üblichen Richtigkeiten“ mitschwingt. Viele Texte kommen in ihrer Zuspitzung erst in den letzten Passagen zum Punkt, um den es gehen sollte – das andere darf überlesen werden, weil es sich ohnehin von selbst verstehen.

Ringen. Wort, das nichts mit der gleichnamigen Sportart zu tun – und auf subtile Weise dann doch mit ihr, was das Prozedurale anbetrifft, zu schaffen hat. Jedenfalls: Eher ungeschickt sind Ergebniszusammenfassungen von Tagungen vorgetragen, bei denen um etwas verhandelt wird, wenn sie nicht darauf verweisen, was in der Wendung von „Wir haben um eine Lösung gerungen“ zum Ausdruck kommt. „Da ringe ich noch mit mir“ ist die individuelle Variante: Alle Lösungen sind präsentiert – und zu keiner mag man zuneigen, also findet ein „Ringen“ statt. Ein Kampf ums Richtige – das will das Publikum hören, dass er nicht auf die leichte Schulter genommen wurde.

Rufen. Niemand würde nach einer Bischofswahl sagen: „Ich habe den Job gekriegt.“ Das wäre ein unfreundlicher Akt überbordender Selbstgewissheit. Totale moralische No-Go-Area. Viel besser klingt doch: „Ich bin in die Verantwortung gerufen.“ Als ob man nicht selbst genau diese gesucht hat – aber die passivische Konstruktion lässt wenigstens Reste von Demut durchschimmern.

Runterbrechen. Theologische Seminare, kirchliche Amtsträgersitzungen höher hierarchischen Kalibers sind keine Kongregationen in Leichter Sprache: Da wird auch in einem Idiom gesprochen, das nicht für die Basis geeignet ist. So heißt es dann hernach, soll in den Gemeinde Grundsätzliches verändert werden, das müsse „in den Alltag heruntergebrochen werden". Das ist nicht von Frevel, das umreißt keine Sündenhaftigkeit. Aber der Alltag ist eben ein anderer Schnack, das ist nicht das Seminar elaboriertester Sprechfähigkeit. Eine Errungenschaft, die die sogenannte Basis überhaupt ernst nimmt. Wobei: Ein gottesdienstlicher Ritus in der katholischen Kirche, der auf das Lateinische setzt, muss nichts Schlechtes sein: Es ist eben eine Konvention, die erfrischend altmodisch daher kommt.

Sagen. Nichts passiert ja einfach so, nein, bei Christenmenschen heißt es „Lass dir sagen", auch „dir/uns ist gesagt worden". Ob das biblisch fundiert ist oder als eine Variante der Heiligen Schrift: Gesagt worden ist es, auf dass es im wahren Leben Widerhall finden kann. Sagen ist wie Sagbarkeit die Kunst, die Schrift auf gewisse Weise wörtlich zu nehmen – eben nicht als vage Anregung, sondern als moralisches und ethisches Diktum für das Leben jetzt. Denn es ist, so wird gesagt, uns aufgegeben.

Schämen. So ist zu hören: „Ich schäme mich des Evangeliums nicht." Anzufügen wäre: Warum auch? Aber Scham und das Verb „schämen" sind von aktueller Bedeutung, die Scham ist vorbei, sie ist in der Sphäre des Sagbaren angekommen, fruchtbar und gut. Scham vor Makeln darf nicht sein: Das Schämen ist keine Tugend, die Respekt verdient – sie kann überwunden werden.

Schatz. Das Zuhören, ja längst gepriesen, ist ein lobendes, wenn ein „Schatz des aktiven Zuhörens“ geborgen werden kann. Menschen seien Schatztruhen mit all ihren Dellen, aber von ihnen will man erfahren, mutig und zugewandt.

Schritt. Wichtiger Begriff aus der christlichen Alltagspraxis. Man geht nicht die Strecke zu Ende, sondern fängt an, man muss „den ersten Schritt tun“. Die „Schritte des Friedens tun“ – das ist, beide Teile der Wendung zusammengenommen, der Anfang des Guten. Man wagt sich auf einen womöglich langen Weg der Verständigung, ja, Versöhnung, mit dem ersten Schritt. Man könnte stolpern, straucheln – aber der erste Schritt ist der schwerste. Ermutigende Haltung dem Leben schlechthin gegenüber: Der Weg ist das Ziel, selbstverständlich, aber der allererste Schritt, mit dem fängt es an.

Schwach. Kein Makel, eher eine Banalität: Wir sind ja alle schwach. So heißt es in gängigen Wendungen gern: „ER nimmt uns an in all unseren Schwächen“, „ER macht die Schwachen stark“ und „ER ist in der Schwachheit stark.“ Das ist tröstlich wie nichts anderes – in der Schwäche läge die Stärke, wahre Stärke lebe von Schwächen. Und so weiter: In der Werbung ist diese Einsicht in die Fehlerhaftigkeit menschlichen Tuns längst angekommen.

Sehnsucht. Der Topos vom Menschen sui generis: Dass er sehnt – und fehlt, dieses Sehnen gestillt zu bekommen. Die Formel von der „ungeheuer brennenden Sehnsucht“ ist auffällig, weil auch viel zu selten genutzt. Denn das ist es doch, was Menschen treibt – die Sehnsucht nach Wärme, Geborgenheit, Miteinander und einem guten Dasein für andere und damit für sich.

Sensibel. Kirchens lässt sich nicht erschüttern, dass dieser Begriff auch von bösen Menschen genutzt wird. Denn man kann über Rechte und Rechtspopulisten sagen, was man will, aber ihnen gebricht es an Sensibilität ebenso wenig wie ein Empathie. Nur dass sie anders bewerten, andere Schlussfolgerungen ziehen. Sensibel zu sein ist unter Christenmenschen indes immer positiv gemünzt zu verstehen. „Demenzsensibel“, „subjektsensibel“, „methodensensibel“, „gegenwartssensibel“ und „religionssensibel“ – was eigentlich alles nur heißt, empfindsam mit dem eigenen Wahrnehmungs- und Differenzierungsvermögen zu sein. Sensibilität indes, ja, „Gerechtigkeits- und Differenzsensibilität“ ist nicht zwingend tugendhaft, auch nicht, „unsere Sensibilität ernst zu nehmen“. Was denn sonst?

Solidarisch. Ein wenig aus der Sprachmode gekommen, der Anspruch etwa, „solidarische Bündnisse zu schließen“. Es meint, aller Erfahrung nach, dass man sich politisch mit jenen alliieren möchte, die ähnliche Ziele auf Erde haben. Ernst genommen ist das Solidarische das säkular geronnene Traditionsstück zu Nächstenliebe und zur Fähigkeit, von Feindschaft absehen zu können.

Sorgfalt. Tyrannische Vokabel, die alle sofort unter Oberflächlichkeitsverdacht stellt. „In aller Sorgfalt“, öffentlich oder in einem Gremium zum Argument gemacht, heißt ja auch, dass die anderen grobkörnig und hölzern operierten. Die christliche Unterstellung könnte sein, dass alle akkurat arbeiten. Also: Keine Vorsicht in Sachen Sorgfalt, aber die Sorgfältigen sind oft nicht vor der eigenen Eitelkeit gefeit.

Sprechfähig. „Sprech/sprachfähig werden“ und ebenso die Formel von der „Sprech/Sprachfähigkeit der Kirche“ meint, dass man endlich zu einer Haltung kommen konnte – und darüber gern und ausführlich sprechen möchte. Was nicht sagbar ist, kann beschwiegen werden. Die Sprechfähigen sind oft nicht davor zu bewahren, ihr gelegentliches Stottern für das Ringen um Sprechfähigkeit zu deklarieren. Alles halb so wild!

Stachel. Ein solcher im „Fleisch" der Verhältnisse zu sein – das ist das Ideal von Christenmenschen, ein Kampf gegen Oberflächlichkeit, Kommerz und Kapitalismus. Stachel oder Dorn – egal: Hauptsache, man wird nicht zum Teil des, ganz schlimm, sogenannten Mainstreams, der Masse, der unerwählten Menschen. Historisch sind hier auch jene zu verorten, die sich Nonkonformisten nannten: Christen und Christinnen versuchen immer, und sei es als Ringen, keine Konformisten zu sein. Ein eitel Haschen nach Wind sei das? Hängt vom Einzelfall ab!

Staunen. Ja, das ist keine schlechte Aufgabe: „Wir müssen das Staunen wieder lernen" hören wir oft, gerade auf Kirchentagen, das Staunen und Erstaunliche ist oft das, was uns selbstverständlich scheint, die Sonne am Morgen, der freundliche Mensch nebenan oder was auch immer. Wer bei Kirchens Staunen annonciert, hat schon die meisten Ohren, die einem zuhören. Ohne Innehalten fern einer Gewohnheit geht das nicht: Erstaunlichkeit entspringt stark den Assoziationen in ungefestigten Situationen.

Stehen. „Zu etwas stehen" oder „ich stehe dafür" – das Wort verweist auf irdische Festigkeit unter den Füßen, auf errungene Balanciertheit. Wer zu etwas steht, musste viel nachdenken, ja, ringen und sich durchringen. Wer zu etwas steht, nimmt auch in Kauf, Teil einer Minderheit zu sein.

Stille. Lärm ist überall, fast jedenfalls, und selbst dort, wo nicht die Kaskaden metropolen Geräuschgewirrs unsere Ohren beanspruchen, etwa im Wald oder am Meer, kann der Lärm sein, der alles verklebt, innerlich. „Die Erfahrungen der Stille", das „stille werden" – das sind Zustände, die erwirkt werden müssen, mit Glück, mit Verstand, mit dem Mut, das Gewohnte hinter sich zu lassen. Stille ist das größte Pfund jedes Kirchenhauses – Großstädter wissen das zu schätzen, ob gläubig oder nicht.

Stolpersteine. Eine Wendung, die Christen und Christinnen übernommen haben: Stolpersteine erinnern in deutschen Städten an die vormaligen, von den Nationalsozialisten deportierten und ermordeten Jüdinnen und Juden. „Stolperstein sein" – das ist etwas, das die Kirche sein will, jedenfalls die aufgeklärte, die politisch mutige: Man hat übernommen, was im öffentlichen Bild durch die Chance zur Anteilnahme am Schicksal getöteter Nachbarn und Nachbarinnen Aufmerksamkeit erringt. Es ist mit der beste Vorsatz, den Kirche heutzutage fassen kann.

Streitbar. Will jeder Christ, will jede Christin sein. Unwohl ist ihnen, sind sie dies nicht – Streitbarkeit ist Resultat harter Arbeit gedanklicher Art. Bloß nicht so wie die anderen – und zugleich nicht als Querulant gelten: Das ist die Kunst.

Stück. Klingt einfach besser, handgreiflicher, als ein schnödes: „Ein bisschen". „Ein Stück weit" beteuert mit drei Worten, dass man ja nicht den ganzen Kuchen will, sondern nur einen Teil von diesem. Zeitzeugen beteuern, diese Wendung Mitte der siebziger Jahren in einem Pastorenkonvent in Norddeutschland gehört zu haben: Inzwischen ist die Wendung in allen gesellschaftlichen Sphären eingesickert.

Suche. Auf der Suche nach der verlorenen Zeit – der Titel des legendären Buchs Marcel Prousts umreißt auch den prinzipiellen Modus operandi von Kirchen, gleich ob an der Basis oder in höchsten Ämtern. Man will „auf der Suche sein", ob „nach Antworten" oder nach dem Grund dessen, was einen bekümmert. Suchen ist, ja, das lässt sich sagen, fast besser als finden: Wer findet, riskiert Gewissheit, die es vielleicht nicht geben kann.

Tun. „Was sollen wir tun?“ ist für jeden und jede Christen oder Christin die Aufgabe eines jeden Tages: Wie kann ein Handeln in jesuanischer Nachfolge gewirkt sein, wie antwortet meine Praxis, auf dass ich am Abend mit gutem Gewissen zur Nachtruhe finde? Tun schlechthin ist gelebtes Leben – und eignet sich für jede Rede und jedes Sprechen.

Überrascht. Sagt eine Person, sie sei „überrascht und bewegt“, heißt das, sie hat nicht mit einer guten Situation gerechnet und schon gar nicht damit, auch nicht psychisch berührt worden zu sein.

Umtreiben. „Es treibt mich um“ bedeutet im Kern, dass da jemand sehr lange und sehr hartnäckig nachgedacht hat und den Punkt beziehungsweise den Anlass der inneren Gedankenbewegung partout nicht aus dem Kopf verliert. Altmodische Sprachhülse, die mehr behauptet als es zu meinen scheint. Doch auch hier wird ein moralischer Vorwurf erhoben gegen den, der etwas Schreckliches gesagt oder getan hat, so dass es mich, klare Sache, umtreibt.

Verantwortung. Sich zuständig fühlen ist für alle Kirchen das erste Gebot des biblisch aufgetragenen Tuns, ja, modern gesprochen, das erste Gesetz des Marketings in eigener Sache: Ohne Tun viel Vertun. Verantwortung zu übernehmen, dies zu geloben, ist ein starker Zug auf der Schachplatte vieler Akteure im öffentlichen Leben. „Verantwortung übernehmen zu wollen“, „sich verantwortlich fühlen“, „aktive Verantwortungsübernahme“ zu betreiben, ja, Verantwortung zu wagen – das ziert jede öffentliche Rede. Nur bei unangenehmen Dingen, Kirchensteuerverschwendung, Streikrecht in Einrichtungen kirchlichen Rechts oder Erörterungen von Missbrauchsfällen, ob in Heimen oder karitativen Einrichtungen, gilt Verantwortung nicht allein der Kirchen, sondern die aller. Die trägt sich dann besser!

Verbinden. Der Schmierstoff aller Kommunikation: „Verbindlichkeit“ beziehungweise „das Verbindende“. Dieses, gleich wo und egal mit wem, zu betonen schadet nie.

Verletzungen. Solche sind immer seelisch gemeint, nie anatomisch, etwa solche nach Unfällen. Verletzungen sind von Übel und müssen geheilt werden, am besten gemeinsam. Die Wendung von den „gegenseitigen Verletzungen“, die „wahrgenommen“ werden müssen, verweist auf den kommunikativen Prozess, der prinzipiell als unabgeschlossen zu gelten hat. Verletzungen sind von größter Beachtsamkeit, wer sie als erlitten anführt, darf sich des Zuhörens sicher sein.

Verstehen. Darauf kommt es an: Verständnis. Sich zu verstehen, den anderen zu verstehen, auch wenn dies schwer fällt. „Verständnis entgegen bringen“ ist eine zivilisatorische Errungenschaft, die gellende Wut hinter sich lässt und den Prozess des (Aus-)Sprechens favorisiert. Übersehen wird oft, dass man nicht alles verstehen muss, um ein guter Mensch zu sein. Ein Satz wie „Ich vertehe Sie – aber verstehen Sie auch mich“, heißt im Klarsprech: „So wird's gemacht.“

Vielfalt. Es hat niemals eine Kirche der Einfalt gegeben, nur dass in katholischem Kontext keine Frauen ordiniert werden dürfen und der Zölibat den Zorn von geschlechterdemokratischen Dogmatikern hervorruft, in protestantischen Pfarrhäusern Gleichberechtigung von Mann und Frau erst erkämpft werden musste und muss. Vielfalt ist als „Theologie der Vielfalt“ recht neu – sie umreißt das schlechte Gewissen, davon zu wissen, dass es mit der Vielfalt oft nicht weit her ist: Man ist unter sich, mittelschichtig und hellsthäutig. Ein Gebot mit Zukunftskraft.

Wachsen. Wir sind als Menschen klein, prinzipiell, deshalb müssen wir wachsen. Immer ist ein Wachsen gut und schön. An

Aufgaben „können wir wachsen“, ja, in unbekannte Terrains können wir „hineinwachsen“. Es meint: Man könnte überfordert sein, man könnte rätseln und ratlos sein, aber man will sich der Aufgabe stellen, denn Menschen, nun ja, können eben wachsen, manche über sich hinaus.

Wagen. Stets ist dieses Wort günstig gemacht. Ein „Wagnis wagen“ oder gar „Vertrauen wagen“ – das sind dreifach unterstrichene Bekundungen zu etwas, was unmöglich zu realisieren ist.

Wahrheit. „ER ist der Weg, die Wahrheit und das Leben“ – das ist die erste und allerletzte Wahrheit, alles andere leitet sich daraus ab. Zwei plus zwei ist vier – das ist indes auch eine Wahrheit, an der niemand vorbei kann. Rhetorisch anrüchtiges Wort, weil es die letzten Dinge berührt.

Wahrnehmen. Eine Teildisziplin der Psychologie widmet sich diesem Umstand – der Wahrnehmung. „Sich (gegenseitig) wahrnehmen“ heißt auch, „sich in seiner (gegenseitigen) Verletzlichkeit wahrnehmen“. Und wenn das klappt beziehungsweise das zum Gelingen kam, darf gesagt werden, man habe „sich wahrgenommen gefühlt“. Das heißt: Man muss nicht nach Hause gehen in dem Glauben, dass das eigene Sprechen mal wieder keine Resonanz fand.

Weg. Dass das Ziel wenig sei, der Weg zu diesem aber alles – das steht selbst in betriebswirtschaftlichen Lehrbüchern. Aber christlich ist die Tradition der Wahrnehmung vom Weg eine längere. „Einen langen Weg vor sich haben“, der obendrein sehr vermutlich „steinig“ ist, das wissen alle, die nicht mehr jung sind – denn „ER ist der Weg, die Wahrheit und das Leben.“ Wer vom Weg, der mit Mut und Kraft gegangen werden sollte, spricht, glaubt im Grunde, dass er nie ein Ende finden wird.

Weise. Ältliche Vokabel, nichts sonst, schön zu sagen, klangvoll. „In guter Weise“ hört sich besser an als „In okayer Art“. Kirchenleute, ist zwischen den Zeilen auch zu lesen, neigen dazu, alles und jeden zu bewerten. Darüber hinaus: Kirchenleute benutzen gern Adjektive und Substantive und vermeiden oft Verben, die Aktivität und Vitalität ausdrücken.

Weiterdenken. Formelsprech für eine Debatte, die kein Ende finden will und auch nicht kann, weil die Positionen nicht überbrückt werden können. „(An dieser Stelle müssen wir) weiterdenken“ heißt immerhin, dass das Ende des Gesprächs nicht gekommen ist, sondern allen aufgetragen ist, weiter nach Lösungen zu suchen.

Welt. Das irdische Ganze. Der theologische Begriff, der sich für den gewöhnlichen Alltag kaum eignet, wie in der Formel von „Die Weltlichkeit der Welt ernst nehmen“, bedeutet, dass man die Fakten der wahren Welt anzuerkennen hat. Nichts ist mit dem Paradies auf Erden, das gibt es nur jenseits dessen, was unsere Weltlichkeit sich vorzustellen vermag.

Wertschätzen. Ohne sie, die Wertschätzung, keine Kommunikation. „Ich kann/will dein Argument wertschätzen“ oder die Rede vom „Ort“, „wo man Wertschätzung erfahren“ kann, da ist auch der Platz, wo jemand „in seinem Wert erkannt oder wahrgenommen“ werden kann, ja, soll und muss. Da kann jemand noch so sehr eine Klassenarbeit verhauen haben, etwas nur unzureichend geschafft oder erledigt haben – die moderne Zeit will, dass alles gewertschätzt werden muss, sonst läuft man Gefahr, Verletzungen oder Kränkungen jemanden zuzufügen. Deshalb muss auch von „wertvollen Begegnungen“ gesprochen werden, auch wenn das jeweilige Rendezvous von verstörender Langeweile war; aus gleichem Grunde empfiehlt es sich, mehr als einmal davon zu sprechen, dass ein „Beitrag mir sehr wertvoll“ ist. Wertschätzung ist der Goldstandard der Generalkommunikation, der Sound der Einverstandenheit mit allen und besonders mit jenen, die Unzulängliches abgeliefert haben.

Wir. Darauf kommt es ja immer an: „Das Wir stärken“. Das Gemeinsame, nicht das Trennende. Wer Letzteres betont, hat nicht verstanden, dass das „Wir“ immer mitschwingen muss, sonst gibt es Abzüge in der öffentlichen Wertschätzung. Allgegenwärtiges Wort zur Stärkung des Gefühls, schon auf der richtigen Seite zu stehen.

Würdigung. Frostige, unfreundliche Charakterisierung eines Zustands des Mangels. Keine Würdigung zu erfahren ist auch eine Form der Unwertschätzung, klingt aber nicht wie eine solche.

Zeichen. Alles kann ein Zeichen sein, vor allem müssen sie gesetzt werden: ein „Zeichen setzen“ ist mehr als eine Initiative zu lancieren. Es können Zeichen Gottes sein, Zeichen unseres ewigen Tuns für die gute Sache. Ein Zeichen zu setzen kann alles Mögliche sein, generationsübergreifend: Nah am „Hier stehe ich und kann nicht anders“.

Zuhören. Kardinaltugend, Gebot aller Christen und Christinnen in allen Lebenslagen – „allen Seiten zuzuhören“ ist freilich schwer, ja, es gibt gar einen „Unwillen zuzuhören“. Es gibt inzwischen sogar ein „aktives Zuhören“, was den konzentriert-rezeptiven Charakter des geschenkten Ohres des Zuhörenden nur als umso kostbarer unterstreicht.

Zukunft. Alles Reden schimmert dann fein und schön, wenn es dem Morgen zugeeignet ist. Die „Zukunft gestalten“ – welche Zeit sonst? – ist ebenso deutungsoffen und kaum mehr als nichtssagend wie „zukunftsoffen“. Wer würde schon sagen:

Nee, ich bin der Zukunft gegenüber echt irgendwie nicht so offen. Deshalb ist alles Sprechen von dem, was kommt, nur wert, das womöglich Strittige von gestern zu übertünchen.

Zumutung. Starkes Wort, um Unerträgliches zu umreißen: Diese Synode war eine Zumutung. Indes – das zu sagen geht nicht: Gerade öffentliches Kirchengeschehen kann keine sein, denn sonst würde der Sprechende jene kränken, die er womöglich noch für das nächste oder andere Gremium braucht. Zumutung als Wort – es streut sich deshalb in einen Text gut ein, weil es gut und satt klingt.

Zusammenhänge. Alles hängt mit allem zusammen – und sind ein Zusammenhang. Nicht weniger, nicht mehr. Ein solcher wird besonders dringlich behauptet, wenn etwas zusammengedacht werden soll, das kaum Verbindung hat, etwa der umfallende Sack Reis in China mit dem Überlaufen eines mitteleuropäischen Flusses durch die karge Schneeschmelze. Zusammenhänge gibt es indes mit allem und jedem.

Zuwenden. Ein klassischer Begriff aus der Sphäre finanzieller Dinge. Jemand erhält eine Zuwendung, ein sozialer Träger, eine einzelne Person. Im kirchlichen Sprechen meint es natürlich das Menschliche schlechthin. „Wir müssen uns den Leidenden zuwenden", den Menschen überhaupt – es meint mehr als das schlichte „Widmen". Zugewandtheit ist eine Haltung, die Humanes mehr als alles andere für sich beansprucht.

Erstaunlich ist, hat das Glossar nun einen Körper, eine Kontur, eine Fertigkeit, die notgedrungen im Aktuellen, im Hier und Jetzt bleiben muss, dass eine gewisse Tendenz erkennbar wird: Dass sich der Verlust der Amtskirchen an Mitgliedern, dass sich ihr Klagen über sich leerende Gotteshäuser bei gleichzeitiger Nutzung derselben für die Feste und Zeremonien des Lebens wie Taufen, Konfirmationen und Kommunionen, Trauungen und am Ende das Begräbnis, seit den Sechzigerjahren des vorigen Jahrhunderts kulturell so gar nicht spiegelt. Kirchliches Sprechen hat die Sphäre ihrer ureigenen Sprechräume verlassen und sich über die Pfarrhäuser und Pastorate, Diakonien und Gemeindehäuser, den Akademien wie Seminaren hinaus verbreitet.

So wie bei, salopp gesagt, Kirchens heutiger Prägung gesprochen wird, ist es fast volkstümlich geworden. Eine Sprache der Vorwurfshaftigkeit, die nicht böse klingt, sondern, im Gegenteil, einnehmend und barmherzig. Das indes ist moralisch das härteste Kaliber, totalitär in mannigfaltiger Hinsicht. Das Idiom der hiesigen Christlichkeit, so scheint es uns, hat seine den Glauben bettenden Ufer überschritten wie ein Hochwasser einen schmaler werdender Flusslauf. Die Rede von der Entchristlichung, von wachsender Gottesferne und von einem Abschied von jesuanischer Transzendenzfähgikeit ist in diesem Sinne eine, die, um triftig zu sein, von ungenauen Beobachtungen leben muss. Wer genau hinhört, hineinlauscht in die Pastorate und Pfarrhäuser, in Diakonien und Gemeinden, in Akademien und Seminare, wird anderes vernehmen – es ist gefühliger geworden, bewusster eigener Innerlichkeiten, die ihre Tonlagen in dieser Sprache der christlichen Modernität findet.

Einen Geburtsort für diese Sprache zu finden, ist schwierig, das haben alle Recherchen nach einem Nukleus von Kulturaufbrüchen gemein. Wahrscheinlich waren es die Evangelischen Kirchentage mit ihrer Juvenalisierung seit den frühen Siebzigerjahren, ihre Förderung der unruhigen Atmosphären in allen Bereichen dessen, was man Gesellschaft nennt, ob in den Familien, an den Universitäten, in den Betrieben, in den politischen Parteien, in den Kirchenapparaten selbst.

Es war ja nicht so, dass die aufrührerischen Nachkriegsgenerationen eine liberale Kultur weicher machen wollten. Überall herrschte noch der Klang der Kriegs- und Nachkriegsjahre, männlich, oft schneidig, bestimmend, selten nur vage und suchend, dafür feststellend und dogmatisch. Kirche aber gewann ihre prinzipielle Popularität gerade bei jugendlichen Christinnen und Christen seit den frühen Siebzigerjahren, als die noch akkurat honoratiorenbewusste Repräsentantenschar in den Amtskirchenstuben sanft, aber bestimmt abgelöst werden musste. Und mit ihnen die Sprache der traditionellen Männlichkeit, durch keine Weiblichkeit angefochten.

Offen bleibt, natürlich, ob gewagt werden kann wahrzunehmen, um es typisch kirchisch von heute auszudrücken, dass Wendungen und Worte wie „Achtsamkeit", „Empathie" oder das notorische „Mitnehmen und Abholen" in der Betriebswirtschaft und in den Managementtheorien Kernvokabeln geworden sind – um mit ihnen, oft gegen Widerstände des niederen Personals, ein Klima der Gewogenheit und Folgsamkeit zu installieren. Die Sprache Kanaans, die Substantive und Adjektive bevorzugt und Verben gern vermeidet, dass Kirchenleute oft ein gespanntes Verhältnis zur Vitalität zu haben scheinen, die sich ja in Leidenschaft, Liebe und Wut ausdrückt – all dies verdient hinterfragt zu werden. Kirche darf indes nicht in den Dienst des Braven treten und durfte es nie. Menschen zu Untertanen zu optimieren kann nicht der Christen und Christinnen Job sein. Gleichwohl nur eine Überlegung sei dies. Wer sie nicht teilt, sei frei, dies zu tun: Sein Eigenes mal danebenlegen!

Danksagung

Sehr herzlich danken wir unseren Gesprächspartnerinnen und Gesprächspartnern. Ohne sie, ihr Mitdenken und Mitgrübeln, hätten wir dieses Buch nicht schreiben können:

Reiner Anselm, Petra Bahr, Alexander Deeg, Jan Fleischhauer, Christiane Florin, Anne Gidion, Valentin Groebner, Thies Gundlach, Katharina Herrmann, Christian Lehnert, Paul Nolte, Franz-Josef Overbeck, Jo Reichertz, Michael Seewald, Fulbert Steffensky und Ellen Ueberschär.

Ein besonderer Dank auch an unseren Freund und Kollegen Jürgen Wandel, der das Manuskript gelesen und uns so viele Anregungen gegeben hat – sowie allen, denen wir begegnen durften. Es war ein Geschenk.

Wir danken nicht minder den Kollegen und Kolleginnen des Claudius Verlags. Besonders aber Martin Scherer. Wir fassten Vertrauen zu ihm – und er zu uns. Es war über alle Monate unserer Gespräche nichts als – ein Glück.